Lawrence von Arabien

Bilder einer Legende

Malcolm Brown

Lawrence von Arabien

Bilder einer Legende

nicolai

Titel der englischen Originalausgabe:
Lawrence of Arabia: The Life, The Legend

© 2005 der englischen Originalausgabe:
Thames & Hudson Ltd.
181 A High Holborn
London WC1V 7QX
www.thamesandhudson.com

Herausgegeben in Zusammenarbeit mit dem Imperial War Museum.
www.iwm.org.uk

© 2005 der deutschsprachigen Ausgabe:
Nicolaische Verlagsbuchhandlung GmbH, Berlin
Unter **www.nicolai-verlag.de** können Sie unseren Newsletter abonnieren, der Sie
über das Programm und aktuelle Neuerscheinungen des Nicolai Verlags informiert.

Text: © Malcolm Brown, 2005
Übersetzung: Nikolaus G. Schneider, Berlin
Lektorat: Gaja Busch, Berlin
Satz: Gabrielle Pfaff, Berlin
Druck und Bindung: C S Graphics, Singapur
Umschlagfoto Vorderseite: Lawrence in Damaskus, Oktober 1918,
Fotografie von J. Finley. IWM Q73534 (Imperial War Museum)
Umschlagfoto Rückseite: Lawrence und seine Leibgarde, Sommer 1918,
Fotografie von Hauptmann Garlett. IWM Q59576 (Imperial War Museum)

ISBN 3-89479-248-5

Printed and bound in Singapore

INHALT

»Alle Menschen träumen, aber nicht auf
dieselbe Art. Die, die nachts träumen,
in den staubigen Nischen ihres Geistes,
wachen am Tag und stellen fest, dass ihre
Träume eitel waren; aber die, die am Tage
träumen, sind gefährlich, da sie ihren
Traum mit offenen Augen leben, um ihn
zu verwirklichen. Dies tat ich.«

Einleitung

In dem Zitatenlexikon »Oxford Book of Modern Quotations« sind auf hunderten von eng bedruckten Seiten nur drei Zitate von T. E. Lawrence zu finden. Eines davon ist der Titel seines weltberühmten autobiografischen Werks »Die sieben Säulen der Weisheit«, der eine Formulierung aus dem »Buch der Sprüche« im Alten Testament aufgreift. Das zweite, längste Zitat ist die erste Strophe des Widmungsgedichts; mit ihm beginnt seine Autobiografie, die seit ihrem ersten Erscheinen eine Gesamtauflage von mehreren Millionen Exemplaren erzielt hat. Das Gedicht ist rätselhaft und hat zu vielfältigen Spekulationen Anlass gegeben.

Für S.A.:
Ich liebte dich, so zeichnete ich diese Menschenströme in meine Hände / Und schrieb meinen Willen mit den Sternen auf den Himmel / Um dir die Freiheit zu erringen, das ehrenwerte Sieben-Säulen-Haus / Auf dass deine Augen für mich leuchteten / Als wir kamen

Wer oder was war S.A.? Eine Frau? Ein Mann? Ein Land? Ein Begriff? Am häufigsten wurde die Vermutung geäußert, dass sich hinter den beiden Buchstaben ein junger Araber verberge, der in den Jahren unmittelbar vor dem Ersten Weltkrieg Adjutant und Gefährte von Lawrence wurde, als dieser als Archäologe in Syrien tätig war. Gut möglich ist jedoch auch, dass Lawrence ganz bewusst eine Chiffre wählte, die nicht entschlüsselt werden sollte. Schließlich sind es die ungelösten Geheimnisse, die eine bleibende Faszination ausüben.

Das dritte Zitat stammt aus dem anderen von Lawrence verfassten Werk »Unter dem Prägestock«, das von seiner frühen Zeit in der Royal Air Force handelt. Es ist in einer so freizügigen Sprache geschrieben, dass es – wie »Lady Chatterleys Liebhaber«, das Buch des anderen Lawrence, David

Herbert – bis lange nach seinem Tod nur in einer von anstößigen Stellen gereinigten Ausgabe erscheinen konnte. Dieses Zitat lautet:

Viele Männer würden, wenn das Schicksal ihnen die Wahl ließe, das Todesurteil ohne einen Klagelaut akzeptieren, um der lebenslänglichen Freiheitsstrafe zu entgehen.

Wer eine solche Auffassung vertritt, ist gewiss kein gewöhnlicher Mensch, sondern ein Individualist, der nach eigenen Vorstellungen lebt – und, wo immer ein Abgrund sich auftut, unvermeidlich an dessen Rand zu finden ist. Von Anfang an wurde Lawrence von einem gewaltigem Ehrgeiz getrieben. Er sagte einmal, er wolle bis zu seinem dreißigsten Geburtstag General sein und in den Ritterstand erhoben werden. Beinahe wäre ihm dies auch gelungen. Im Wüstenkrieg führte er auf besondere Weise: weniger durch die Erteilung direkter Befehle als vielmehr durch Überzeugungskraft und beispielhaftes Verhalten. Zwei Jahre lang spielte er so die Rolle des Oberbefehlshabers. Er ist nie zum Ritter geschlagen worden, aber mit 28 wurde ihm der Titel »Companionship of the Bath«, verliehen, die kurioseste aller englischen Auszeichnungen, die dem Rang nach der Ritterwürde fast gleichkommt. Viele Menschen sind sogar der Meinung, er sei der vornehmere der beiden Titel. Aber dann legte Lawrence alle Ehrentitel ab und ging einfach fort. Der Mann, der im Krieg höchste Bewunderung erlangt hatte, wurde der bescheidenste aller einfachen Soldaten, ein, wie er selbst sagte, »Wrack« in einer Kaserne. Wäre er religiös gewesen, wäre er vielleicht in ein Kloster eingetreten, doch die Religion war ihm von einer übereifrigen Mutter aufgezwungen worden, was zur Folge hatte, dass er sich einem richtungslosen Skeptizismus überließ. So wurde er eine Art Laienbruder in jener

Gemeinschaft, die seiner Meinung nach der eines Klosters am nächsten kam: der Armee. Und zwar nicht als der ehrgeizige Offizier, der er einst gewesen war, sondern auf dem untersten Rang als Gefreiter bei der Royal Air Force oder als Schütze im Panzerkorps des Heers. Auch in psychischer Hinsicht ging es in dieser Zeit bergab mit ihm, und der Gedanke an Selbstmord war bisweilen bedrohlich stark. Tatsächlich war es für Lawrence der absolute Tiefpunkt seines Lebens.

Es gelang ihm jedoch, sich aus dieser Verzweiflung zu befreien und zu Beginn der 1930er Jahre zu einem gewissen Gleichgewicht, ja fast zu einer Art Glück zurückzufinden; besonders, als er sich praktischen Dingen wie der Entwicklung von Lebensrettungsbooten für die Royal Air Force widmete – eine Arbeit, die die Rettung zahlreicher Luftwaffenangehöriger im Zweiten Weltkrieg ermöglichte. Dennoch hatte er mit Schuldgefühlen zu kämpfen, weil er die Araber während des Krieges über manche Ziele im Unklaren gelassen hatte. Seiner Meinung nach hatte er dafür eine Strafe verdient. Als zudem sein großer Wunsch, ein bedeutender Schriftsteller zu werden, unerfüllt blieb, weil ihm die Themen ausgingen, und das Ende seiner Laufbahn in der Royal Air Force nahte, die für ihn zu einer zweiten Familie geworden war – seine eigene Familie hatte sich mittlerweile fast ganz aufgelöst –, blickte er einer sorgenvollen und ungewissen Zukunft entgegen. Ein angenehmer, friedlicher Lebensabend wäre für diesen Mann, so kann man wohl sagen, kaum vorstellbar gewesen.

Doch das Schicksal sollte sich als gnädig erweisen: T. E. Lawrence, der zu dieser Zeit unter dem offiziell anerkannten Pseudonym T. E. Shaw lebte, starb im Alter von 46 Jahren an den Folgen einer Gehirnverletzung, die er sich an einem strahlend schönen Morgen im Mai bei einem Motorradunfall auf einer ruhigen Straße in der südenglischen Grafschaft Dorset zugezogen hatte. Nachdem er ein Telegramm an einen Schriftstellerkollegen, das eine Einladung zum Essen für den nächsten Tag enthielt, aufgegeben und ein Päckchen an einen ehemaligen Kameraden aus seinen ersten Jahren bei der Luftwaffe versandt hatte, streifte er auf dem Heimweg in seine abgelegene Hütte das Fahrrad eines Botenjungen, der sich wahrscheinlich nichts anderes hatte zuschulden kommen lassen, als gemächlich mit einem Kollegen einen Hügel hinaufzufahren. Lawrence' Tod am 19. Mai 1935, nach fast einer Woche im Koma, beschäftigte einen aufstrebenden australischen Hirnchirurgen so sehr, dass man wohl zu Recht sagen kann, dieser Fall habe die Einführung von Sturzhelmen gefördert.

Dieser Fortschritt wie auch die Entwicklung von Booten, mit denen im Zweiten Weltkrieg Leben gerettet werden konnten, gehören allerdings nur zu Lawrence' kleineren Vermächtnissen. Sein größtes Erbe ist die Legende – eine unzerstörbare Legende, die aber nicht nur die nahezu mythische Figur eines Mannes auf einem Kamel umfasst, der in einer der berühmtesten Wüsten der Welt einen heroischen Traum in die Tat umsetzte. Lawrence ist auch ein Mann, der auf seine ungewöhnliche Art einen modernen Aspekt der menschlichen Existenz zum Ausdruck bringt, ein Mann des »Zeitgeistes«, wie ein Interpret sagte, oder – wenn man sich die Ruhelosigkeit dieses außergewöhnlichen Geistes, der nach einem Gleichgewicht strebt, vor Augen hält – »ein Fürst unseres Chaos«, wie ein anderer Kritiker meinte. Es geht eine merkwürdige Faszination von einem Menschen aus, der scheinbar alles erreicht hat, um es dann hinzuwerfen und sich den Rest seines Lebens einer Suche zu widmen, deren Ziel unklar ist. Ganz gleich, ob man ihn schätzt oder verachtet, respektiert oder ablehnt: Dieser Mann wird uns noch lange beschäftigen.

JAHRE DER HOFFNUNGEN UND PLÄNE

Teil 1

Thomas Edward Lawrence war der zweite von fünf unehelichen Söhnen eines angloirischen Grundbesitzers und einer Frau, die ursprünglich als Gouvernante für die vier Töchter, die er zusammen mit seiner Ehefrau hatte, angestellt worden war. Es wird allgemein angenommen, dass er seine Frau verließ, weil diese einem religiösen Wahn verfallen war, was sein Leben auf dem Familiensitz, einem Landhaus namens South Hill nordwestlich der irischen Hauptstadt Dublin unerträglich machte. Lawrence' Vater, Thomas Robert Tighe Chapman, war ein Produkt der angesehensten Schule Großbritanniens, Eton, und hatte den Titel eines Baronets geerbt. Obwohl er sich seinem Erbe genügend verpflichtet fühlte, um an einer landwirtschaftlichen Hochschule zu studieren, war er ein typischer Vertreter seiner Klasse und seiner Zeit. »Mein Vater lebte auf großem Fuß«, schrieb sein berühmtester Sohn über ihn, »er war tolerant, erfahren, imponierend, unbesonnen, launisch, beredt und natürlich gebieterisch wie ein Lord. Er hatte das Leben 35 Jahre lang voll ausgekostet, war ein Verschwender, Sportsmann und Trinker gewesen.« Doch mit der Zeit wurde dieses unbekümmerte Dasein durch die streng religiöse Lebensführung seiner Frau getrübt. Wie sich zeigen sollte, führte die Ankunft der jungen Gouvernante, die in Glaubensfragen keinen

Nachholbedarf hatte – war sie doch, in Lawrence' Worten, »auf der Isle of Skye von einem bibelfesten Presbyterianer großgezogen worden« –, keineswegs zu einer Vertiefung der religiösen Schwermut bei ihm, sondern eröffnete vielmehr die verlockende Aussicht, dieser zu entkommen. Während Edith, seine Frau, mit zunehmendem Alter den Freuden des Fleisches offenkundig abgeschworen hatte, war Sarah, die Gouvernante, von Natur aus ein ausgesprochen leidenschaftlicher Mensch. Der Hausherr und seine Angestellte wurden ein Liebespaar, wobei sie ihre Schuldgefühle unterdrückten; und schon bald waren sich beide im Klaren darüber, dass dies eine dauerhafte Beziehung werden würde.

1885 wurde der erste Sohn Montagu Robert in Dublin geboren, wo das Paar inkognito lebte. Die beiden ließen das Kind auf den Namen Chapman registrieren, doch als der Schwindel aufflog, verließen sie die Stadt und nahmen einen Nachnamen an, dessen Ursprung nach wie vor im Dunkeln liegt. Sarahs Geburtsname dürfte Junner gewesen sein, doch irgendwann hatte sie angefangen, den Namen »Lawrence« zu verwenden, der möglicherweise der Name ihres leiblichen Vaters war. Unter diesem Pseudonym zogen Thomas und Sarah wie Flüchtlinge von Ort zu Ort. 1888 wurde ihr zweiter Sohn, der zukünftige »Lawrence von Arabien«, in Wales geboren, ein Jahr später brachte Sarah den dritten Sohn, William George, in Schottland zur Welt. Der vierte Sohn, Frank Helier, erblickte 1893 auf den Kanalinseln und der fünfte Sohn, Arnold Walter, 1900 in Oxford das Licht der Welt. Dort, in der berühmten alten Universitätsstadt im Herzen Englands, ließen sie sich schließlich nieder. Sie tauchten in der Anonymität einer neuen, aufblühenden Vorstadt am nördlichen Stadtrand unter, wo die Menschen liberaler waren als im Rest des Landes. Die beiden hätten keinen besseren Zufluchtsort finden können. Sogar die Kirche – eine von mehreren neuen, die damals in Oxford entstanden – kam mit ihren Lehren von Vergebung und Erlösung ihrer Lebensweise sehr entgegen (»Gott hasst die Sünde, doch er liebt den Sünder« wiederholte Sarah häufig, womit sie wohl zum Ausdruck bringen wollte, dass letztlich alle Schuld vergeben werden würde).

Die Tatsache, dass Lawrence ein uneheliches Kind war – ein Umstand, der damals zu erheblichen Nachteilen führte –, beschäftigte ihn sein ganzes Leben. Ein Grund für seinen häufigen Namenswechsel in späteren Jahren war der, dass er wusste, dass sein Nachname eine Erfin-

Oben South Hill, das irische Herrenhaus, in dem die Lawrence-Saga begann, als der Eigentümer mit der Gouvernante der Familie durchbrannte. Lawrence selbst hat weder das Haus je gesehen noch seine Halbschwestern kennen gelernt, die alle unverheiratet blieben.

Unten Das bescheidene Haus in Tremadoc, Nordwales, in dem T. E. Lawrence geboren wurde.

Rechts Eine frühe Aufnahme von Lawrence, der
als Kind und Jugendlicher
»Ned« genannt wurde.

Links Die ersten vier Söhne in einer Studioaufnahme: Bob, Will, Ned oben; Frank unten, in Babykleidung.

Oben Polstead Road 2; das Haus in Nord-Oxford, wo sich die Familie Lawrence 1900 niederließ. Die stilvolle Doppelhaushälfte deutete auf ihre Zugehörigkeit zur Mittelschicht; im Osten der Stadt gab es imposante Villen, im Westen bescheidene zweistöckige Arbeiterunterkünfte. Die Fotografien stammen aus der Zeit um 1960.

dung war, ein Pseudonym, auf das er keinen wirklichen Anspruch hatte. Es gibt deutliche Hinweise darauf, dass er in den letzten Jahren seines Lebens mit dem Gedanken spielte, sich in Chapman umzubenennen, um so irgendwie wieder in den Familienstammbaum integriert zu werden und jene aristokratischen Verbindungen zurückzugewinnen, die ihm versagt worden waren. Im Laufe der Zeit wurde der Name »Lawrence« für ihn zum Gräuel. 1923, als er als Rekrut ganz bewusst unter anderem Namen in einer Panzereinheit diente, schrieb er seinem Oxforder Mentor und Freund D. G. Hogarth: »Ich habe mit der ›Lawrence‹-Episode völlig abgeschlossen. Mir gefällt nicht, was Gerüchte aus ihm machen – das ist nicht der Mann, der ich sein möchte!« Als 1927 die populäre, gekürzte Fassung seines Buchs »Die sieben Säulen der Weisheit« unter dem Titel »Aufstand in der Wüste« erschien, wurde der Name des Autors in Anführungszeichen gesetzt; heute ist klar, dass dies als deutliches Dementi gemeint war. Nach seinem Tod schrieb die Frau seines amerikanischen Verlegers über ihn: »Er bat uns, ihn T. E. zu nennen, denn er sagte, dies sei der einzige Teil seines Namens, der wirklich zu ihm gehöre, und diejenigen, die ihn gerne hätten, sollten ihn so nennen.«

All das spielte während seiner Kindheit allerdings noch keine Rolle. Für seine Familie und seine Schulkameraden war er einfach »Ned«, wenngleich er auch schon damals ein exzentrisches Naturell besaß. Von kleiner, aber kräftiger Statur, blieb er gerne allein und anstatt sich für Mannschaftssportarten zu interessieren, suchte er nach Herausforderungen, die ihm Mut und Ausdauer abverlangten, wie zum Beispiel eine Fahrradtour auf eigene Faust durch Frankreich bis zur Mittelmeerküste. Dabei ging es ihm weniger um die physische Leistung (auch wenn er sich mit seinen radlerischen Leistungen durchaus brüstete) als um die Erweiterung seines Horizonts und die Berührung mit jener Welt der Antike, die seine Vorstellungskraft in endlosen Stunden intensiver Lektüre beflügelt hatte. Ein Brief nach Hause verdeutlicht jenes Glaubensbekenntnis, das einen Großteil seines Lebens prägte:

Links Die »City of Oxford High School for Boys«. Alle fünf Lawrence-Brüder gingen auf diese Schule, die 1881 eröffnet wurde. Ned besuchte sie von 1896 bis 1907.

No.	NAME OF BOY.	Name of Parent or Guardian.	Occupation.	ADDRESS.	
599	Glanville. Wilfred Banbury	Edwin	Grocer	Wote Street, Basingstoke.	Sept 30/
600	Godwin. Charles	Frederick William	Farmer	Beaconsfield, Sandford St Martin, Steeple Aston.	Sept 3/
601	Lawrence. Montagu Robert	Thomas R	Independent Means	2 Polstead Road. Oxford.	Dec 24/
602	Lawrence. Thomas Edward	Thomas R	Independent Means	2 Polstead Road, Oxford	Aug 16/
603	Allen. Hugh Howard	Hugh James	Tailor	136 High Street, Oxford	July 6/
604	Allen. James Arnold	Hugh James	Tailor	136 High Street, Oxford	Aug 17/
605	Allen. Ernest Mortimer	Hugh James	Tailor	136 High Street, Oxford	Oct 25/
606	Brownsill. William Gerald	J E	Banker	The Bank, Woodstock	Sept 19/
607	Carter. Herbert Theophilus	Frederick	College Servant	47 High Street, Oxford	Dec 11/
608	Wood. Frederic	Walter	Farmer	Portway Farm, Buckingham	Jan ?/
609	Whitehead. Victor Frederick	Alfred William	Organist	65 Banbury Road, Oxford	Jan 16/
610	Andrews. Reginald Holmes	Henry (grandfather) William	Sadler (grandfather)	9 St Margarets Road, Oxford	Oct 25/
611	Simmons. George Walter		Mechanic	33 Hurst Street. Cowley Road. Oxford	Sept 6/
612	Harry. Arthur Henry Goold	Arthur Frank	Schoolmaster	Ekaya, Polstead Road. Oxford	July 2/
613	Chaundy. Theodore William	Sarah	Printseller	49 Broad Street, Oxford	Jan 9/
614	Muggeridteluan. annersay	Norman Hardwicke Smith (Guardian)	Bursar, Mansfield College	9 Chalfont Road, Oxford	June 24/
615	Davis. Harry James	Ernest of Crombie (Guardian)	Clergyman	55 Southfield Road, Cowley St John. Oxford.	March 3/
616	Poole. Arthur Wyatt				

Ich spürte, dass ich endlich den Weg in den Süden und den ganzen glorreichen Osten gefunden hatte: Griechenland, Karthago, Ägypten, Tyrus, Syrien, Italien, Spanien, Sizilien, Kreta ... sie alle waren da und für mich ... zum Greifen nah. Ich bilde mir ein, nun besser als Keats zu wissen, wie Cortés sich gefühlt haben muss, ›stumm auf einem Gipfel in Darien‹. Oh, ich muss wieder nach dort unten fahren – noch weiter hinaus! Wirklich, diese Begegnung mit dem Meer hat mir fast mein geistiges Gleichgewicht geraubt: Das Angebot einer Reise nach Griechenland würde ich gleich morgen annehmen ...

»Noch weiter hinaus!« – das war ein mitreißendes Motto, aber keineswegs bloße Rhetorik. Er war begeistert von der mittelalterlichen und der klassischen Welt, und vor allem Burgen hatten es ihm angetan, egal ob nah (Caerphilly und Chepstow schätzte er besonders) oder fern. Sein großer Favorit war Château Gaillard, das Meisterwerk von Richard Löwenherz, hoch oben über der Seine errichtet bei Les Andelys in der Normandie. Untrennbar damit verknüpft war die Faszination, welche die Kreuzzüge, in denen Richard eine maßgebliche Rolle gespielt hatte,

Links Eine 1906 auf dem Schul-
hof aufgenommene Gruppe von
Schülern. Ned steht in der Mitte der
letzten Reihe, die Augen fest auf die
Kamera gerichtet.

Unten Eines von Neds Reibebildern,
die er von Grabplatten anfertigte.
Es handelt sich um die prächtige
Gestalt Lord Berkeleys, die er in der
Pfarrkirche von Wootton-under-Edge,
Gloucestershire, entdeckte.

»Du kennst wahrscheinlich das Glück, durch ein Buch in ein fremdes Land zu gelangen: zu Hause, wenn ich die Tür zugemacht habe und die Stadt schläft – und ich weiß, dass nichts, nicht einmal die Morgendämmerung, mich zwischen meinen Vorhängen stören kann; nur das langsame Zerbröckeln der Kohlen im Feuer; sie werden so rot und werfen einen so wundervoll zuckenden Schimmer auf den Hypnos-Kopf und das Metall. Und wie schön ist es, die Tür zu öffnen und die Sonne zu sehen, die von jenseits des Cherwell durch die Talnebel blinkt, nachdem man viele Stunden lang mit Parsifal oder Sagramor dem Begierigen durch den Wald gewandert ist. Warum findet man keinen Gefallen an diesen Dingen, wenn andere Menschen dabei sind? Warum kann man seine Bücher nur nachts zum Leben erwecken, nach vielen Stunden der Mühe? Und natürlich müssen es die eigenen Bücher sein, und man muss sie mehr als einmal lesen ...
Wenn einem das richtige Buch zur richtigen Zeit in die Hand fällt, empfindet man eine Freude, nicht nur körperlich, sondern auch geistig, die einen weit über das eigene armselige Selbst hinausträgt, als würde man von einem gewaltigen Luftstrom angezogen, der dem Licht der Gedanken eines anderen folgt. Danach wird man nie wieder ganz der Alte sein.«

Aus einem Brief an seine Mutter aus Frankreich, September 1910

auf ihn ausübten. Als Lawrence 1907 von der Oxford City School ans Jesus College wechselte, um Geschichte zu studieren, wählte er daher den Vergleich zwischen den Burgen Westeuropas und den Kreuzfahrerburgen im Nahen Osten als Spezialthema. Er beabsichtigte, die allgemeine Annahme, Europa sei in architektonischer Hinsicht Vorreiter gewesen, auf kühne Weise zu widerlegen. 1909 bereiste er drei Monate lang Syrien und Palästina, wobei er über 1000 Meilen zurücklegte und nicht weniger als 37 Burgen besuchte. Einen Großteil der Zeit verbrachte er dabei mit den Einheimischen. »Hier bin ich meinen Gewohnheiten nach Araber«, schrieb er in einem Brief nach Hause, »es wird mir sehr schwer fallen, wieder englisch zu werden.« Dies sollte sich als prophetische Aussage erweisen. Er kehrte so dünn und hager nach Oxford zurück, dass er kaum wiederzuerkennen war. Doch er brachte zahllose Fotografien und Dokumente mit: die Gewähr dafür, dass ihm seine Magisterarbeit über die Kreuzfahrerburgen, der er sich nun widmen sollte, einen hervorragenden Abschluss bescherte. Völlig zu Recht schloss er sein Studium im Sommer 1910 mit einem herausragenden Ergebnis ab. Noch heute gilt diese Studie als Pionierarbeit, auch wenn die Ergebnisse seiner Forschungen längst überholt sind.

Kurz nach seinem Abschluss bekam Lawrence eine Chance, der er weder widerstehen konnte noch wollte: Der Archäologe D. G. Hogarth verschaffte dem jungen Absolventen ein Stipendium am angesehenen Magdalen College, das es ihm ermöglichte, als dessen Assistent an einer Ausgrabung in Karkemisch in Syrien teilzunehmen, wo Reste einer seit langem verschollenen hethitischen Stadt freigelegt wurden. Schon als Schüler hatte Lawrence Hogarth, der zu diesem Zeitpunkt noch Direktor des Ashmolean Museums in Oxford war, beeindruckt, als er ihm zusammen mit einem Mitschüler archäologische Funde ins Museum brachte. Anfang Dezember 1910 verließ Lawrence England und reiste erneut gen Osten. In Karkemisch widmete er sich mit der für ihn typischen Hingabe und Exzentrik seiner Aufgabe, die darin bestand, die Ausgrabungen zu fotografieren und die Belegschaft einzuteilen. Anstatt die Rolle des herrschenden weißen Mannes zu spielen, die zu jener Zeit geradezu Pflicht war, wurde er der Gefährte der einheimischen Arbeiter, indem er auf ihren Enthusiasmus setzte. Stieß man auf einen Schatz, wurde dies mit Pistolenschüssen gefeiert. Je besser der Fund, desto größer die Zahl der Schüsse. Es war beinahe so, als bereitete er sich unbewusst auf die

Oben Jesus College, wo Lawrence rasch den Ruf eines Exzentrikers erwarb.

Unten Lawrence' Skizze der Kreuzfahrerburg Sahyun in Syrien. Abbildung aus seiner Oxforder Magisterarbeit, die später unter dem Titel »Crusader Castles« veröffentlicht wurde.

»Château Gaillard war so großartig und die Postkarten so scheußlich, dass ich dort einen Extratag einlegte, an dem ich nur fotografierte, von 6 Uhr morgens bis 7 Uhr abends ... Die Anlage ist prächtig, die Ausführung wunderbar und die Lage vollendet. Der ganze Bau trägt unverkennbar den Stempel des Genies. Richard I. muss ein viel größerer Mann gewesen sein, als man normalerweise meint; er muss auch ein großer Stratege und großer Festungsbaumeister gewesen sein, nicht nur ein großer Kämpfer.«

Aus einem Brief an seine Mutter aus Frankreich, 11. August 1907

Unten Château Gaillard war nicht nur an sich »wunderbar«, sondern auch eine wichtige Verbindung zwischen Europa und dem Osten. Fotografie und Skizzen von Lawrence.

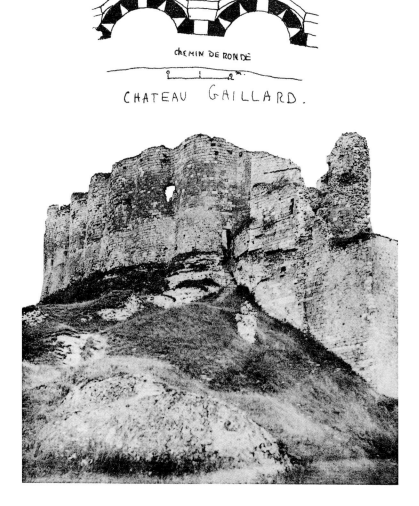

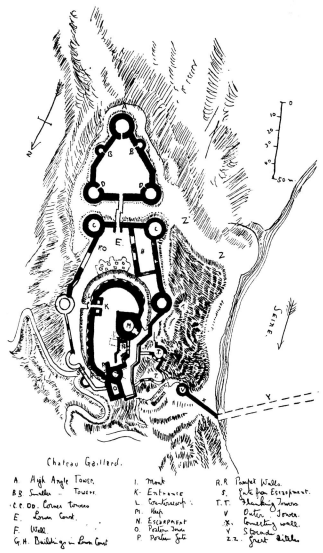

Château Gaillard.

A. High Angle Tower.
B.B. Smaller „ Towers.
C.C. DD. Corner towers
E. Lower Court.
F. Wall.
G.H. Buildings in Lower Court

I. Moat.
K. Entrance
L. Counterscarp.
M. Keep
N. Escarpment
O. Postern Tower
P. Postern Gate

R.R. Parapet Walls.
S. Gate from Escarpment.
T.T. Flanking Towers
V. Outer Tower.
X. Connecting wall.
Y. Stocade
Z.Z. Great Ditch

Gesellschaft der Unteroffiziere vor, und dank seines zwanglosen Umgangs mit den Arbeitern in Karkemisch hatte er sich bestens auf seinen späteren Dienst in der Royal Air Force und der Armee eingestimmt. Doch diesen Jahren sollte erst noch der Wüstenkrieg vorausgehen, eine Phase, auf die Lawrence ebenfalls vorbereitet war: Er verbesserte seine Kenntnisse der arabischen Sprache, eignete sich umgangssprachliche und mundartliche Wendungen an und studierte die arabische Literatur; außerdem lernte er Überredungs- und Motivationstechniken kennen, die sich für ihn während des bevorstehenden Feldzugs als außerordentlich nützlich erweisen würden. Darüber hinaus entwickelte er unter den harten Bedingungen des Nahen Ostens ein Durchhaltevermögen, das legendär werden sollte. Auch in seiner Freizeit gab er sich nicht dem Müßiggang hin. 1911 brach er, um weitere Burgen zu erkunden und sich neuen körperlichen Herausforderungen zu stellen, erneut zu einer langen Reise auf, deren Erlebnisse er in einem Tagebuch und einer weiteren umfangreichen Fotoserie dokumentierte.

Für Lawrence war die Zeit in Karkemisch seine vielleicht glücklichste, konnte er sich doch dort nach Jahren der Anstrengung ein wenig entspannen. Er hatte endlich Zeit, in Ruhe seinen Gedanken nachzuhängen. Hier lernte er auch den jungen Araber mit dem Spitznamen Dahoum (»der Dunkle«) kennen, dessen richtiger Name vermutlich Selim Ahmed lautete und dem Lawrence als »S.A.« sehr wahrscheinlich das Gedicht in »Die sieben Säulen der Weisheit« widmete. Dahoum erschien ihm viel versprechend und so machte Lawrence ihn zu seinem Berater und Gefährten. In einem Brief nach Hause beschrieb er ihn als »interessante Persönlichkeit« und erklärte, Dahoum sei »wesentlich intelligenter als der durchschnittliche Soldat«. Vermutungen, dass es sich hierbei um eine homosexuelle Beziehung gehandelt habe, wies der bekannte Archäologe Sir Leonard Woolley, dem Hogarth 1912 die Leitung der Ausgrabungen in Karkemisch übertrug, energisch zurück.

Dahoum war nicht sein einziger enger Freund unter den Arbeitern. 1913 nahm Lawrence ihn und den Vorarbeiter Scheich Hamoudi auf eine Ferienreise nach Oxford mit, wo sie für kurze Zeit Teil des Lawrence-Haushalts in der Polstead Road wurden. Dass sie aufgrund ihrer wehenden Gewänder auf Frauenfahrrädern fuhren, schien in der Universitätsstadt, die an Besucher von weit her gewöhnt war, kein besonderes Aufsehen erregt zu haben.

Der angehende Archäologe: ein Becher aus dem 15. Jh. (**oben**) und ein Baluster-Krug aus dem 14. Jh. (**unten**), die bei Ausgrabungen in der Commarket Street, Oxford, gefunden und von Ned Lawrence und seinem Schulfreund C. F. C. Beeson dem Ashmolean Museum übergeben wurden.

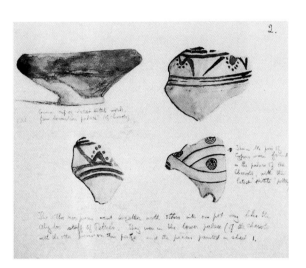

Oben links und rechts
Zwei Blätter mit Abbildungen von Keramiken, die in Karkemisch ausgegraben wurden. Zeichnungen von R. Campbell Thompson, der kurze Zeit stellvertretender Leiter des Teams des Britischen Museums war, mit handschriftlichen Anmerkungen von Lawrence, 1911.

Rechts Eines der Expeditionshefte mit Lawrence' Zeichnungen des Yusuf-Beg-Steins, eines wichtigen Fundes von 1911.

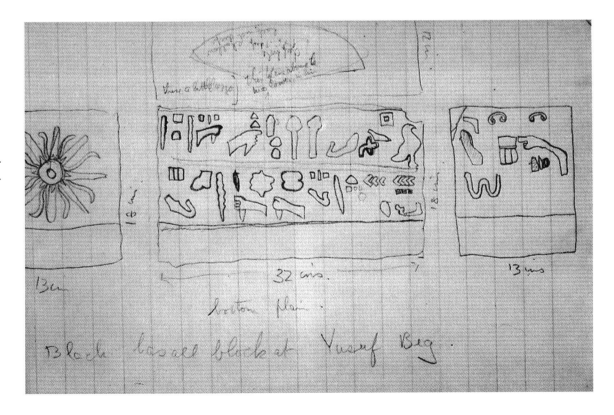

Wahrscheinlich das früheste
Bild von Lawrence in
arabischer Kleidung. Sie
gehörte seinem arabischen
Freund Dahoum, der auf
dem Foto auf der gegen-
überliegenden Seite seine
Kleidung zurückbekommen
hat und (vermutlich, um
eine komische Wirkung zu
erzeugen) einen Revolver
in der Hand hält. Die Aufnahmen der beiden
stammen wahrscheinlich
aus dem Jahr 1912.

Viele Leute finden diese beiden Bilder irritierend, aber es ist anzunehmen, dass es sich einfach um einen harmlosen Spaß handelt. Leonard Woolley wusste, dass Lawrence die Leute gerne schockierte, und wies die Deutung, es habe eine homosexuelle Beziehung zwischen den beiden bestanden, entschieden zurück. Im Übrigen trug Lawrence bei seinen Reisen im Nahen Osten häufig arabische Gewänder.

Links Der Eingang zur Unterkunft der Archäologen in Karkemisch mit dem Expeditionskoch Hadsch Wahid, durch den die Dimension der Schnitzerei auf dem Türsturz veranschaulicht werden sollte, die Lawrence 1912 zwischen den Grabungen angefertigt hatte. Seiner Familie schrieb er: »Da ich keine Meißel hatte, schnitzte ich es mit einem Schraubenzieher und einem Messer. Es ist ein hethitischer Entwurf und Gebrauchsgegenstand und wirkt sehr passend.« Der Umstand, dass Besucher mitunter annahmen – und in dem Glauben gelassen wurden –, es handele sich um eine echte hethitische Schnitzerei, verursachte große Heiterkeit. *Siehe auch Seite 192.*

Gegenüber Hauptmann Stewart Newcombe, der für die Aufklärungsmission im Sinai 1914 verantwortlich war. Newcombe diente später mit Lawrence im Wüstenkrieg, diese Aufnahme wurde höchstwahrscheinlich von Lawrence selbst gemacht. Newcombe war zu diesem Zeitpunkt zum Oberstleutnant befördert worden.

Oben Lawrence' Kamera für archäologische Aufnahmen, die 1910 eigens für ihn angefertigt wurde. Zu den fünf Objektiven zählen ein Weitwinkel- und ein Teleobjektiv. Heute befinden sie sich im Besitz des Technikmuseums in Oxford.

Sollte zu dieser Zeit etwas den Horizont getrübt haben, so war es die mögliche Aussicht auf Krieg. Lord Kitchener, der 1914 Kriegsminister werden sollte, doch zu diesem Zeitpunkt noch britischer Amtsträger und Generalkonsul in Ägypten war, fürchtete, dass sich das Osmanische Reich oder die Türkei, wie es damals allgemein genannt wurde, im Falle eines Krieges im Nahen Osten höchstwahrscheinlich auf die Seite der Feinde Großbritanniens schlagen würde und so zur Bedrohung für die lebenswichtige Versorgungsroute, den Suezkanal, werden könnte. Da die Sinai-Halbinsel seiner Ansicht nach ein besonders wichtiger Abschnitt des von den Türken kontrollierten Territoriums war, ordnete er eine Erkundung durch das Militär an, durchgeführt von dem erfahrenen Offizier Hauptmann Stewart Newcombe. Da diese Untersuchung jedoch unter einem zivilen Deckmantel erfolgen musste, damit die Türken keinen Verdacht schöpften, überredete man Woolley und Lawrence, die sich im nicht allzu weit entfernten Karkemisch aufhielten, diesen patriotischen Auftrag zu übernehmen. Sie sollten, wie Lawrence es beschrieb, »eine falsche Spur legen und der politischen Angelegenheit einen archäologischer Anstrich geben«. Anfang 1914 brachen die beiden auf und nahmen Dahoum als Assistenten und Fotografen mit, da dieser die Lage auf den Schauplätzen, die sie aufsuchen wollten, besonders gut einschätzen konnte. Woolley und Lawrence hatten vom »Palestine Exploration Fund« den Auftrag erhalten, einen Bericht über ihre Ergebnisse zu verfassen, der später veröffentlicht werden sollte. Deshalb schlossen sie nach ihrer Rückkehr aus der Türkei im Mai die Ausgrabungsstätte in Karkemisch und reisten nach England zurück. Noch während sie an ihrer Abhandlung arbeiteten, die später den Titel »The Wilderness of Zin« tragen sollte, brach im August der Erste Weltkrieg aus.

Zu dieser Zeit hatte Lawrence mehrere berufliche Ziele. Er spielte nicht nur mit dem Gedanken, Verleger sorgfältig hergestellter Bücher zu werden, sondern verspürte auch den Drang, selbst als Schriftsteller tätig zu sein – eine Idee, die er bald darauf wieder verwarf. Später gab er zu, dass seine ehrgeizigen Pläne noch viel größer gewesen waren, und bekannte auf der letzten Seite seiner Autobiografie: »In der City School in Oxford hatte ich davon geträumt, im Laufe meines Lebens dem neuen Asien zu einer neuen Gestalt zu verhelfen – jenem Asien, das mit der Zeit unweigerlich über uns kommen wird.« Bescheiden ausgedrückt,

Gegenüber Lawrence and Woolley (Mitte, nach rechts blickend) auf einer Fotografie zusammen mit den Expeditionsarbeitern, 1913. Neben Woolley, von links nach rechts, der Grabungsaufseher für das Kaiserliche Osmanische Museum Fuad Bey (ein Hinweis darauf, dass es sich um eine Grabungsstätte auf türkisch besetztem Gebiet handelte), der lokale Hauptaufseher Scheich Hamoudi sowie Dahoum, der dem Fotografen ein gewinnendes Lächeln schenkt.

Rechts Lawrence und Woolley, die neben einer vor Ort ausgegrabenen hethitischen Tafel stehen; im Vordergrund ein Abschnitt der Kleinbahn der Grabungsstätte. Die Fotografie stammt von dem deutschen Fotografen Heinrich Franke, der die Stätte 1913 besuchte.

hatte er sich an dem versucht, was wir heute als »Reiseschriftstellerei« bezeichnen würden, wenn auch mit der ernsten Absicht eines Historikers. Er hatte ein Buch über sieben Städte des Ostens begonnen, aber das Manuskript irgendwann 1914 verbrannt, weil er unzufrieden damit war. Doch der Titel, den er sich hierfür überlegt hatte, gefiel ihm so gut, dass er ihn sich aufbewahrte. Er lautete: »Die sieben Säulen der Weisheit«.

Links Fareedeh el Akle, die christliche, in Syrien geborene Lehrerin, die Lawrence als erste in Arabisch unterrichtete und eine lebenslange Bewunderin und Freundin ihres frühreifen Schülers wurde.

Oben Dahoum, der in einer von Lawrence' vielen archäologischen Aufnahmen die verdienstvolle Aufgabe übertragen bekommen hat, als Maßstab zu dienen.

Rechts Das aus dem Fels heraus gemeißelte Schatzhaus des Pharao in der alten Nabatäerstadt Petra, einer der bedeutendsten antiken Stätten des Nahen Ostens. Die Gelegenheit, Petra zu besuchen, das Generationen von Reisenden (in der poetischen Formulierung des ansonsten unbekannten viktorianischen Geistlichen John William Burgon) als die »rosenrote Stadt, halb so alt wie die Zeit« kannten, war für Lawrence eine der Hauptattraktionen der Sinai-Expedition.

*»[Petra] ist der wunderbarste Ort der Welt, nicht wegen seiner
Ruinen, die eher zweitrangig sind, sondern wegen der Farbe
seiner Felsen, die ganz rot und schwarz sind mit grünen und
blauen Streifen in kleinen sich windenden Linien ... und wegen
der Form seiner Klippen und Spitzen und Gipfel und wegen seiner
wunderbaren Schlucht, in der stets tiefes Quellwasser dahinfließt
und die voller Oleander, Efeu und Farnkräuter ist und gerade
breit genug für ein Kamel und mehrere Meilen lang. Ich hatte
unzählige sehr schön geschriebene Berichte darüber gelesen,
aber sie vermitteln einem gar keine richtige Vorstellung davon ...
und dabei bin ich mir sicher, dass ich es gar nicht so gut
beschreiben kann wie diese Autoren, so dass du nie erfahren
wirst, was Petra nun eigentlich ist, falls du nicht selbst hierher
kommst ... Aber du kannst dir sicher sein, dass du keinen blassen
Schimmer hast, wie schön etwas sein kann, solange du das hier
nicht gesehen hast.«*

Brief von T. E. Lawrence an E. T. Leeds, 21. Februar 1914

JAHRE DER TRIUMPHE UND NIEDERLAGEN

Teil

Für Lawrence begann der Krieg relativ ruhig. Während sich unzählige
andere Männer überstürzt freiwillig meldeten, setzten Woolley und er
unter Hochdruck die Arbeit an ihrem Bericht »The Wilderness of Zin«
fort. Nach Fertigstellung des Werks erhielt Woolley ein Offizierspatent
der Royal Artillery und Lawrence wurde von der geografischen Abteilung des Geheimdienstes in London angeworben. Dort war er zunächst
als ziviler Mitarbeiter beschäftigt, bevor er Ende Oktober Leutnant auf
der speziellen Liste wurde – ein Offizier ohne Anbindung an ein be-
stimmtes Regiment. Trotz dieser fehlenden Anbindung brachte es Lawrence bis zum Oberstleutnant, was sehr ungewöhnlich für einen Offizier
war, der nur für Kampfhandlungen und nicht im Generalstab eingesetzt
wurde. Aber Lawrence, der sich überhaupt nicht für die Kameraderie
eines Offizierskasinos eignete, war diese Rolle wie auf den Leib
geschrieben.

Seine Brüder schlugen konventionellere Wege ein. Während Bob, wie
der älteste Sohn genannt wurde, als Arzt zum Royal Army Medical Corps
ging, schloss sich Will dem Royal Flying Corps und Frank der Infanterie
an. Alle drei dienten auf jenem entscheidenden Schauplatz in Nordwest-
Europa, der als Westfront – und somit als Inbegriff des modernen Zer-

mürbungskrieges – ins allgemeine Bewusstsein eingehen sollte. Binnen eines Jahres waren Will und Frank tot. Will wurde bei seinem ersten Feindflug abgeschossen, Frank von einer Granate getötet, als er seine Soldaten bei einem Angriff ins Feld führte.

Doch während Will, der als Beobachter gedient hatte, auf einem Militärfriedhof nahe Cambrai beigesetzt wurde, erklärte man Frank – wie Tausende andere in diesem Krieg – für vermisst. Er wurde Teil der gewaltigen Legion derjenigen, deren Namen auf einem der zahlreichen Ehrenmale an der Westfront zu finden sind.

Indes brach T. E. schon bald wieder in den Osten auf. Er war Mitglied einer eilig zusammengestellten Expertenkommission in Kairo, deren Aufgabe darin bestand, die Pläne der Türken im Nahen Osten aufzudecken (diese hatten sich im Krieg den so genannten Mittelmächten angeschlossen, von denen Deutschland und Österreich-Ungarn die wichtigsten waren) und so ihre Gegner zu überlisten. Auch wenn es sich hierbei um einen äußerst wichtigen Auftrag handelte, war er doch weit vom eigentlichen Kampfgeschehen entfernt. Lawrence hatte sich viele Jahre lang mit dem Thema Kriegführung auseinandergesetzt, doch seiner Ansicht nach war diese Aufgabe ein matter Abglanz des Krieges. Gelangweilt von seiner Tätigkeit, ließ er sich während der folgenden zwei Jahre zu Bemerkungen wie »Ich werde in Kairo bleiben, bis ich sterbe« oder »In einem Schützengraben, wo man sich nicht den ganzen Tag um Politik und Informationen kümmern müsste, wäre man, glaube ich, wesentlich glücklicher« hinreißen. Sein Kopf sprudelte vor Ideen, wie man im Nahen Osten vorgehen sollte. Die wichtigste vertraute er Hogarth in einem Brief im März 1915 an. Für den Geheimdienst waren die von den Türken beherrschten Gebiete im Nahen Osten – vor allem die arabischen, unmittelbar an Ägypten und den Sudan grenzenden Stammesgebiete – unweigerlich von besonderem Interesse. Es galt, sich die schwelende Unruhe in diesen Gebieten zunutze zu machen, um das wichtigste Ziel der Alliierten, für deren Unterstützung gerade eine riesige Expeditionsstreitkraft in Ägypten zusammengestellt wurde, zu erreichen: die Türken in der Schlacht zu besiegen und sie zum Rückzug zu zwingen. Mit Blick auf den chaotischen Zustand der arabischen Politik – verschiedene Stammesführer verfolgten gegensätzliche Interessen – erklärte Lawrence in einem eindringlichen Satz: »Ich möchte sie alle zusammenziehen und Syrien von Hedschas her im Namen des Kalifen

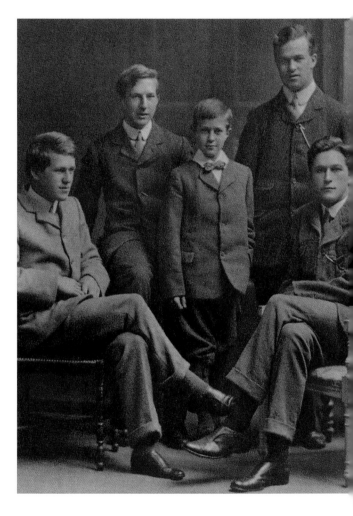

Oben Im Rückblick ein ergreifendes Bild: die letzte gemeinsame Aufnahme der fünf Lawrence-Brüder von 1910. Von links nach rechts: T. E., Frank, Arnold, Bob, Will.

*»Ich möchte sie alle
zusammenziehen und
Syrien von Hedschas
her im Namen des
Kalifen aufrollen.«*

Rechts T. E. Lawrence in
Khaki. Da ihn die Aufnahme
als Oberstleutnant zeigt,
muss sie gegen Ende des
Krieges entstanden sein.
Offensichtlich passte ihm
die Uniform nicht besonders
gut, was ihn aber nicht
weiter kümmerte. Ihm ging
es um seine Ideen, nicht
um die Rituale des Armee-
lebens.

aufrollen.« Gemeint war der Großkalif Hussein von Mekka. In der Tat leitete dieser fünfzehn Monate später jene legendäre Aktion ein, die als der arabische Aufstand bekannt werden sollte und durch die sich Lawrence einen Namen machte. Auch die Einnahme der Stadt Damaskus war ein wesentlicher Bestandteil von Lawrence' Plan, denn er hegte den Verdacht, dass die Franzosen in dieser Gegend bestimmte Ziele verfolgten; diese wollte Lawrence um jeden Preis durchkreuzen. Für ihn waren die Franzosen fast ebenso große Feinde wie die Türken. Sollten sich die Ereignisse so entwickeln wie erhofft, »können wir sofort bis nach Damaskus vordringen und den Franzosen alle Hoffnung auf Syrien nehmen. Das ist ein großes Spiel, und endlich eins, wofür sich jeder Einsatz lohnt«, schrieb er. Seine Schilderung der kommenden Ereignisse war verblüffend genau. David Garnett, Herausgeber der ersten umfassenden Sammlung von Lawrence' Korrespondenz, nannte diesen Brief das »wahrscheinlich bemerkenswerteste Dokument, das Lawrence je verfasst hat. Es zeigt, dass er den Feldzug, den er drei Jahre später zu einem siegreichen Abschluss führte, bereits damals geplant hatte.«

Im Juni 1916 wurde das »große Spiel«, auf das Lawrence seine Hoffnung gesetzt hatte, ernst. Ermutigt durch das britische und französische Versprechen, Arabien zu unterstützen, warf Kalif Hussein den Türken den Fehdehandschuh hin. Er selbst blieb in Mekka, während seine vier ältesten Söhne Ali, Abdullah, Feisal und Zeid jeweils mit ihren eigenen kleinen Truppen ins Feld zogen. Ihre Euphorie und Spontaneität konnten allerdings nicht darüber hinwegtäuschen, dass ihnen eine Gesamtstrategie fehlte. Als der Aufstand auch nach drei Monaten nur geringen Erfolg zeigte, reiste Lawrence nach Arabien.

Es waren die Jahre zwischen seiner Abreise im Oktober 1916 und seiner Rückkehr im Oktober 1918, in denen er zu »Lawrence von Arabien« wurde. Dies waren auch die Jahre, die ihn mit jenem kulturellen und psychologischen Virus infizierten, an dem er beinahe zugrunde gegangen wäre.

Lawrence' arabisches Abenteuer begann zunächst recht unspektakulär. Zusammen mit Ronald Storrs, einem hohen Beamten der britischen Verwaltung in Ägypten, segelte er auf dem Roten Meer nach Dschidda. Dort bildeten die beiden mit dem dortigen britischen Gesandten Oberst C. E. Wilson eine dreiköpfige Delegation, deren Aufgabe darin bestand, herauszufinden, wie man die junge revolutionäre Bewegung fördern

Oben Großkalif Hussein, Emir von Mekka, geistiger Vater und Galionsfigur der arabischen Revolution; die Aufnahme stammt vom Stabsarzt der HMS »Dufferin«, datiert auf den 12. Dezember 1916.

konnte. In Dschidda war Lawrence eher Beobachter als aktiver Teilnehmer, doch es gelang ihm, Abdullah, den zweiten Sohn des Kalifen, mit seinem fundierten Wissen zu verblüffen, wann immer er seine Meinung äußerte. Drei Tage nach ihrer Ankunft in Dschidda segelten Lawrence und Storrs Richtung Norden nach Rabegh, wo sie Ali, den ältesten Sohn des Kalifen trafen. Lawrence' eigentliche Karriere begann jedoch erst, als er mit Hilfe von Storrs die Erlaubnis erhielt, den dritten Sohn Feisal zu besuchen, dessen Lager sich 100 Meilen landeinwärts in Wadi Safra – und dadurch näher am Feind – befand. Buchstäblich über Nacht wurde aus dem kleinen Adjutanten ein Botschafter mit einem äußerst wichtigen Auftrag: Er sollte herausfinden, welchem der drei arabischen Anführer die Alliierten ihre maximale Unterstützung zuteil werden lassen sollten. Alle drei im gleichen Maße zu unterstützen, wäre eine unsinnige Vergeudung von Kräften gewesen. Da das entscheidende Kriterium die Umsetzbarkeit ihrer jeweiligen Pläne und deren Erfolgschancen war, fiel die Wahl nicht auf Abdullah oder Ali, sondern auf den dritten Sohn Feisal. In Feisals Lager in Wadi Safra trafen die beiden Menschen aufeinander, die von nun an die zentralen Figuren des arabischen Aufstands werden würden.

Die Alliierten schlossen sich Lawrence' Empfehlung an und sagten sofort Geld und Waffen als Unterstützung zu. Binnen weniger Wochen gab Lawrence seine Bürotätigkeit in Kairo für immer auf und wurde offiziell Feisals Berater im Hedschas. Da Feisal nicht wollte, dass ein europäischer Offizier in auffälliger Militäruniform in seinem Lager herumlief, bat er Lawrence, diese gegen ein arabisches Gewand auszutauschen. Lawrence, der bereits während seiner Zeit in Syrien gelegentlich die dort übliche Kleidung getragen hatte, kam dieser Aufforderung nur allzu gerne nach. Als Soldat hatte er nie eine besonders gute Figur gemacht; ja, bei einigen der höherrangigen Offiziere hatte er den nahezu unwiderstehlichen Drang ausgelöst, ihm zu befehlen, seine Knöpfe zu polieren, sich die Haare schneiden zu lassen und zu lernen, wie man vor seinen Vorgesetzten richtig salutierte, anstatt mit den Händen in den Hosentaschen auf sie zuzuschlendern. In arabischer Kleidung jedoch war er wie verwandelt. Sie verdeckte seine kleine Statur und umrahmte seine markanten Gesichtszüge und seine, wie es übereinstimmend heißt, fesselnden Augen auf beeindruckende Weise. Dadurch verhalf sie ihm zu einer Präsenz, die nicht nur seine vormaligen

Kritiker entwaffnete, sondern auch seine neuen Kampfgefährten außerordentlich beeindruckte.

Es spricht also einiges dafür, dass ihm der Szenen- und Kleiderwechsel gelegen kam. Zwar behauptete er später, absolut »gegen seinen Willen« nach Arabien zurückgeschickt worden zu sein, doch im Dezember 1916 schrieb er dem für das »Arab Bureau« zuständigen Offizier (Lawrence war diesem erst kurz zuvor vom Geheimdienst gegründeten Büro inzwischen offiziell zugeordnet), dass er seine »britischen Gewohnheiten ablegen und eine Weile mit Feisal losziehen« wolle. Er fügte noch hinzu: »Amüsanter Job und ein ganz neues Land.« Das Land war neu, doch der Job sollte sich mitnichten als amüsant erweisen, und tief im Innern war er sich dessen sicher auch bewusst.

Es ist wichtig, Lawrence' Rolle in dem nun folgenden Feldzug näher zu bestimmen. Nach dem Krieg wurde er häufig als der Mann bezeichnet, der die Araber zum Sieg führte. Später, im Briefwechsel mit Militärexperten wie Liddell Hart, pflegte er seine Rolle als die eines Generals zu beschreiben. Doch damit bezog er sich im Wesentlichen auf strategische und taktische Fragen, nicht auf eine wirkliche Kommandogewalt. Kein anderer beschreibt Lawrence' Rolle während des Krieges eindrucksvoller als Oberst Pierce Joyce, einer jener Berufssoldaten, die anfangs nicht viel von Lawrence hielten, aber später seine Scharfsicht, seine Weisheit und seine guten Verbindungen zu den Stämmen bewunderten. Als Joyce merkte, dass Lawrence bei Konferenzen mit arabischen Stammesführern die zentrale Gestalt war, überließ er dem jungen Hauptmann den Vortritt, obwohl er selbst einen höheren Rang bekleidete. Während solcher Konferenzen, schrieb Joyce, »sprach Lawrence selten. Er studierte lediglich die Männer um sich herum und wenn die Argumente schließlich in Rauch aufgingen, was in der Regel der Fall war, diktierte er einfach seinen Schlachtplan, der für gewöhnlich übernommen wurde. Dass seine gewagten Unternehmungen erfolgreich verliefen, ist nicht, wie so oft angenommen, seiner individuellen Führung der Beduinenhorden zu verdanken, sondern seiner weisen Auswahl der Stammesführer und der Tatsache, dass er die Mühle am Laufen hielt, indem er erfolgreiche Arbeit fürstlich mit Geld entlohnte.«

Joyce' Erwähnung von Geld ergänzt die Geschichte um ein wichtiges Element. Anführer mögen für ein politisches Ziel kämpfen, doch irreguläre Truppen wie die Angehörigen von Beduinenstämmen, die die

Oben Emir Abdullah, zweiter Sohn des Großkalifen; Pastellporträt von Eric Kennington, 1921. Auch wenn Lawrence zunächst nicht viel für ihn übrig hatte, sollte er später zu einer wichtigen Gestalt im Nahen Osten werden. 1951 fiel er einem Attentat zum Opfer.

Rechts Emir Feisal, der dritte Sohn des Großkalifen und wichtigste Führer des arabischen Aufstands. Das Porträt von Augustus John entstand während der Pariser Friedenskonferenz von 1919. Lawrence wählte es als Frontispiz für die Subskriptionsausgabe der »Sieben Säulen der Weisheit« von 1926.

» ... *eine fast königliche Erscheinung ...*
Persönlich wesentlich beeindruckender
als seine Brüder. Er erinnert sehr an
das Denkmal von Richard I. in Fonte-
vraud ... Ein volkstümliches Idol und
ehrgeizig; voller Träume und der
Fähigkeit, sie zu verwirklichen.«

Lawrence' Bericht über sein erstes Treffen
mit Emir Feisal in Hamra, 23. Oktober 1916

»Feisal fragte mich, ob ich nicht arabische Kleidung tragen wollte ... Die Stammesangehörigen wüssten dann, wie sie sich zu mir stellen sollten ... Sie würden sich mir gegenüber so verhalten, als wäre ich wirklich einer der Führer ... Ich stimmte sofort hocherfreut zu ... und für die Wüste war die arabische Tracht auch in hygienischer Hinsicht besser geeignet und schicklicher.«

Oben Leibwächter von
Emir Feisal, porträtiert vom
offiziellen Kriegskünstler
James McBey, der ihn als
»einen riesigen abessi-
nischen Neger« beschrieb,
dessen »Ausrüstung aus
Waffen aus allen Epochen
bestand, vom semitischen
Krummsäbel bis zur mo-
dernsten automatischen
Mauserpistole«.

entscheidende Antriebskraft hinter dem Aufstand waren, kämpften für
Geld. Lawrence hatte das begriffen und unterstützte diese Vorliebe, indem er die Araber für besondere Vorgehensweisen reichlich belohnte.

In der Tat könnte man sagen, dass Lawrence' wesentlicher Beitrag
zum Aufstand in seiner Verweigerung der Generalsrolle bestand. Anders
gesagt: Er entwickelte eine Gesamtstrategie, in deren Mittelpunkt ein
Krieg ohne Schlacht stand. Direkte Kampfhandlungen sollten umgangen
werden, um die hohen Verluste zu vermeiden, die eine normale Kriegführung mit sich brachte und die er für unnötig hielt. Es war wichtiger,
den Feind zu überlisten, als ihn zu töten. Und sich einer voll ausgebil-
deten und überlegenen Armee wie der des Osmanischen Reichs direkt
zu stellen, war alles andere als klug. Das Kriegsmaterial des Feindes war
das Angriffsziel, nicht seine Männer. »Die Zerstörung einer türkischen
Brücke oder Eisenbahn, einer Maschine oder Kanone oder eines Sprengstofflagers«, schrieb er, »war für uns von größerem Nutzen als der Tod
eines Türken.« Bei alldem stützte er sich auf die vorhandene Stärke der
Beduinen, die gewohnt waren, auf diese Weise Krieg zu führen. Aber der
Wunsch, prinzipiell kein Blut zu vergießen, lag Lawrence' besonders am
Herzen. Einer Kultur des Krieges, die für die hohe Zahl gefallener Soldaten berüchtigt war, fügte er ein bewegendes eigenes Konzept hinzu: das
der »Kreise des Leids«, die nach jedem einzelnen unnötigen Tod immer
weitere Bahnen ziehen. Nicht immer war es ihm möglich, seine eigenen
Grundsätze zu beherzigen. Verluste waren unvermeidlich, und manchmal waren sie sehr hoch. Und auch er selbst verspürte in bestimmten
Momenten die Lust, Blut zu vergießen. Aber in einer Zeit, in der man
Leben, das von Zivilisten ebenso wie das von Soldaten, zunehmend für
entbehrlich hielt, erscheint seine still zum Ausdruck gebrachte Philo-
sophie als kleine Stimme des Protestes.

Dass Feisal und Lawrence sich zusammentaten, lag nicht nur daran,
dass sich ihre Persönlichkeiten sehr ähnelten. Sie verfolgten auch nahezu die gleichen Ziele, was den weiteren Fortgang des Aufstands betraf.
Wie bereits 1915 in seinem Brief an Hogarth angedeutet, spielte die Einnahme der Stadt Damaskus hierfür eine wesentliche Rolle – eine Auffassung, die Feisal teilte. So bestand Anfang 1917 das wichtigste Ziel darin,
den Feldzug aus dem Hedschas nach Norden Richtung Syrien und seiner
Hauptstadt Damaskus zu führen. Feisal ging es dabei nicht nur darum,
dass seine eigene Seite den Sieg davontrug, sondern ihm war auch daran

gelegen, dass sich die Araber bravourös schlugen, um hinterher ihren Anspruch auf Freiheit geltend zu machen. Ihm lag mehr am Schicksal der Araber nach dem Krieg als an den Briten, die selbst für sich sorgen konnten.

In Janbo machten Feisals Truppen eine Weile Rast, bevor sie im Januar 1917 schließlich aufbrachen, um mit Wedsch eine weitere Hafenstadt am Roten Meer zu besetzen. Wedsch war zu dieser Zeit bereits eine von einer kleinen, aber schlagkräftigen türkischen Garnison besetzte Stadt. Man hatte einen Angriff in Zusammenarbeit mit der Royal Navy geplant, doch Feisals Truppen kamen langsamer voran als vorgesehen und mussten bei ihrer Ankunft feststellen, dass der Hafen bereits erobert war. So kam es zu einem kurzen, aber heftigen Gefecht, bei dem 21 Menschen, darunter auch ein britischer Marinepilot, starben. Lawrence tobte vor Wut, hätte doch eine Belagerung von einigen Tagen, ohne die Zerstörungen und Verluste, die er als »mutwillig« bezeichnete, ebenfalls zum Sieg geführt.

Dennoch war diese Eroberung von Wedsch ein großer Gewinn, der bewies, dass Feisal ein erfolgreicher Anführer war. Kurz darauf suchte Auda abu Tayi, der kampferprobte Führer des Howeitat-Stammes, das Lager auf. Dem gelehrten jungen Engländer erschien er wie ein Krieger aus einem mittelalterlichen Epos, ein fahrender Ritter, fast wie ein Wagner'scher Siegfried. »Er empfindet das Leben als einen Heldengesang«, schrieb er über ihn. »Alle Ereignisse darin sind bedeutsam, alle Personen bekommen etwas Heroisches. Sein Kopf steckt voller Gedichte und Sagen von einstigen Kämpfen und Raubzügen, die er bei jeder Gelegenheit zum Besten gibt.«

Der Wüstenkrieg: Anfangsphase

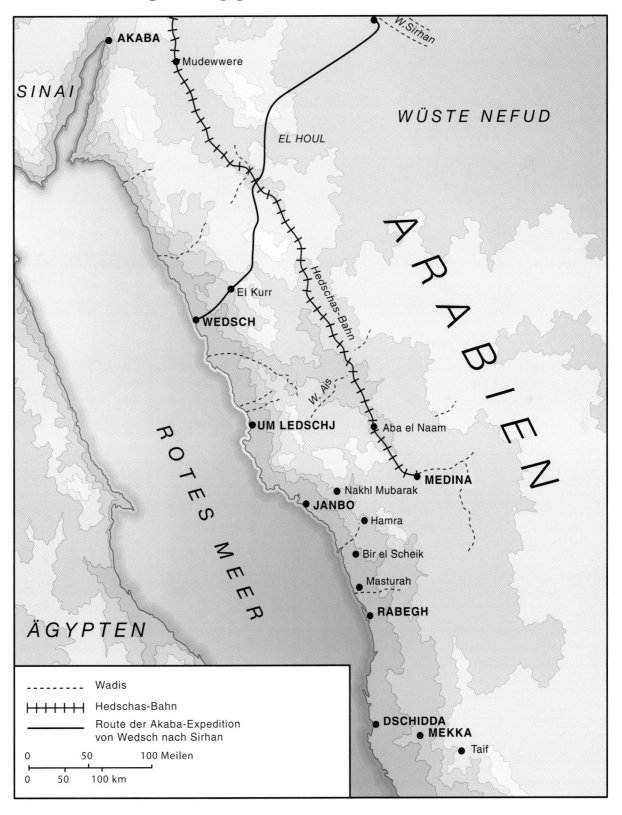

- - - - - - - - Wadis

|-+-+-+-| Hedschas-Bahn

——————— Route der Akaba-Expedition
von Wedsch nach Sirhan

0   50   100 Meilen

0   50   100 km

*»Er empfindet das Leben als einen
Heldengesang. Alle Ereignisse darin
sind bedeutsam, alle Personen
bekommen etwas Heroisches.«*

Es ist von großer Bedeutung, dass diese Aussage im Präsens steht. Diese Zeilen wurden nicht Jahre später unter friedlichen Umständen und im bewundernden Rückblick verfasst, sondern zum damaligen Zeitpunkt; und sie wurden postwendend nach Kairo geschickt, wo sie im »Arab Bulletin« erschienen. Dieses weit verbreitete Blatt veröffentlichte Auszüge aus den Erkenntnissen des »Arab Bureau«.

Wurden je zuvor in einem modernen Krieg derart blumige Berichte verfasst? Wahrscheinlich nicht; dass diese Sätze veröffentlicht wurden, verdanken wir dem Redakteur in Kairo, der kein Geringerer war als Lawrence' früherer Mentor D. G. Hogarth. Dieser war mittlerweile Korvettenkapitän bei der Royal Navy und bekleidete einen hohen Posten beim britischen Geheimdienst. Da er der festen Überzeugung war, es sei »ebenso leicht, in anständigem Englisch zu schreiben wie in schlechtem, aber wesentlich angenehmer«, hatte das Bulletin von Anfang an einen literarischen Einschlag. Hier war T. E. Lawrence der unumstrittene Star, obwohl es viele weitere herausragende Mitarbeiter gab, wie zum Beispiel Storrs, Newcombe, Hogarth selbst und der Forschungsreisende Harvey St. John Philby.

Auda, dessen Stamm weiter nördlich beheimatet war, begab sich in Feisals Lager, um herauszufinden, warum sich der Aufstand nicht schneller in seine Richtung ausdehnte. Seine Ungeduld und seine Tatkraft waren der Auslöser für den nächsten und wohl dramatischsten Schritt: den Versuch, Akaba zu erobern.

Akaba war eine von den Türken kontrollierte Garnisonstadt am nördlichen Ufer des Roten Meers. Die Idee, die Stadt vom Landesinnern zu erobern, war bereits im Sommer 1916 in Kairo diskutiert worden, doch man hielt sie für zu riskant für herkömmliche Truppen. Mit Audas Unterstützung schien dieser Plan jedoch realisierbar.

Ein solcher Angriff konnte allerdings nicht über Nacht auf die Beine gestellt werden. Vielmehr bedurfte es Zeit sowie jeder Menge Fingerspitzengefühl, um Männer aus solchen Stämmen zur Unterstützung eines derart gewagten Projekts zu bewegen, die sich aus Angst vor Bestrafung nicht gegen die Türken auflehnten. Unter dem Kommando des herausragenden arabischen Führers, Scherif Nasir von Medina, und mit Auda und Lawrence als Kriegsrat brach ein streng geheimes Expeditionskorps auf. Dieses stieß zunächst in einem weiten Bogen in die Wüste vor, um sich Akaba dann vom Landesinnern her zu nähern. Am

Links Von links nach rechts: Auda ibn Zaal, Mohammad abu Tayi (Audas Sohn), ein unbekannter Angehöriger des Howeitat-Stammes, Auda abu Tayi und Zaal ibn Motlog, Audas Neffe. Das Foto entstand in Amman und wurde von Lawrence zur selben Zeit gemacht wie die Nahaufnahme von Auda auf Seite 46.

Oben Ein Toast auf den arabischen Erfolg: Dschaafar Pascha, ein ehemaliger regulärer Offizier der türkischen Armee, der zu den Arabern übergelaufen war, Emir Feisal und Oberst Pierce Joyce im Wadi Kuntilla, 1917. Joyce der einst von Lawrence' lässigem Auftreten in Khaki entsetzt gewesen war, bewunderte später seinen selbstsicheren Umgang mit den arabischen Führern.

6. Juli erreichte die Expedition ihr Ziel. Die Einnahme der Stadt Akaba – in Lawrence' Worten »seit Monaten ... das Ziel und der einzige Gegenstand unseres Strebens« – ist zu Recht als Wendepunkt des arabischen Aufstands beschrieben worden.

Lawrence eilte sofort nach Ägypten, um die gute Nachricht als Erster zu überbringen. Dort traf er die bedeutendste Persönlichkeit des Krieges im Nahen Osten: General Sir Edmund Allenby. Dieser war gerade aus Frankreich eingetroffen, um das, was inzwischen als die palästinensische Front bezeichnet wurde, energischer in Angriff zu nehmen; zwei gescheiterte Versuche, die Türken zu vertreiben, hatten die Karriere seines Vorgängers beendet und eine Lücke hinterlassen, die Allenby auf brillante Weise füllen sollte. Tatsächlich wurde Allenby für Lawrence später eine Art zweiter Hogarth.

Die Einnahme von Akaba bot Feisals Männern die Gelegenheit – wenn auch in eher untergeordneter Rolle –, mit den ägyptischen Expeditionsstreitkräften zusammenzuarbeiten, die, angespornt durch ihren zupackenden neuen Kommandeur, unmittelbar davor standen, das Gesicht des Krieges im Nahen Osten zu verändern. Der kräftige General – sein Spitzname »der Bulle« vermittelt einen Eindruck von seiner Erscheinung und Wirkung – und der kleine einzelgängerische Offizier mochten sich auf Anhieb; sie erkannten den Vorteil, den beide von einer Zusammenarbeit in der bevorstehenden Aktion haben würden.

»Er kam meiner Sehnsucht nach einem Herrn und Meister am nächsten«, schrieb Lawrence über seinen neuen Verbündeten – eine große Anerkennung, wenn man berücksichtigt, dass die abschätzige Einstellung dieses Mannes gegenüber den meisten Berufssoldaten kein Geheimnis war. Von nun an war Lawrence der wichtigste Verbindungsmann zwischen Allenby und den Arabern. Letztere gewannen immer mehr an Gewicht und Achtung, seit sie in Allenbys Armee den irregulären rechten Flügel bildeten.

Auch wenn man die Bedeutung und den Beitrag der Araber nicht überschätzen darf, ist unstrittig, dass diese aus ihrem Krieg mit einem gestärkten Profil hervorgingen. Sie hatten genug erreicht, um ein fester Bestandteil der internationalen Bühne zu werden. Während der Gefechte hatten sie ihr Bestes gegeben, und ihnen war es zu verdanken, dass die Versorgung durch die Hedschas-Bahn, die sich von Medina bis Damaskus erstreckte, viele Monate lang unterbrochen war.

Der Wüstenkrieg: Endphase

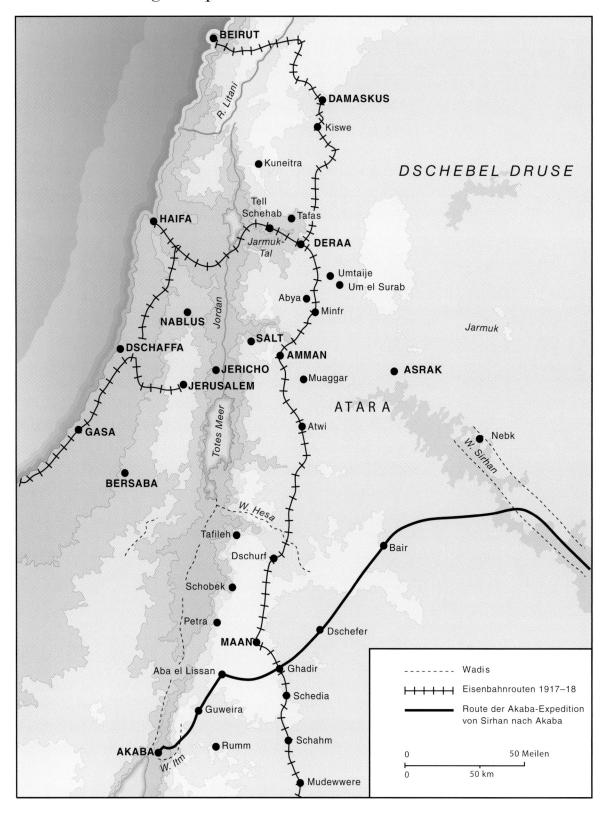

BEIRUT

DAMASKUS

Kiswe

Kuneitra

DSCHEBEL DRUSE

Tell Schehab

Tafas

HAIFA

Jarmuk-Tal

DERAA

Umtaije

Um el Surab

Abya

Minfr

Jarmuk

NABLUS

Jordan

SALT

DSCHAFFA

AMMAN

JERICHO

Muaggar

ASRAK

JERUSALEM

ATARA

GASA

Atwi

Nebk

W. Sirhan

Totes Meer

BERSABA

W. Hesa

Tafileh

Bair

Dschurf

Schobek

Petra

Dschefer

MAAN

Aba el Lissan

Ghadir

Schedia

Guweira

Rumm

Schahm

AKABA

W. Itm

Mudewwere

- - - - - - Wadis

┼┼┼┼┼ Eisenbahnrouten 1917–18

━━━ Route der Akaba-Expedition von Sirhan nach Akaba

0 _____ 50 Meilen

0 _____ 50 km

Für Lawrence war der Aufstand ein Triumph, aber gleichzeitig auch eine traumatische Zeit. Er wusste seit langem, dass die Pläne der Alliierten zur Neuordnung des Nahen Ostens nach dem Krieg den Traum der Araber von politischer Freiheit, der ihn während des gesamten Feldzugs beflügelt und mit dem er andere angespornt hatte, beenden würden. Er hatte die große Hoffnung, dass die Belohnung für die Araber umso größer ausfallen würde, je besser sie sich schlugen. Wenn ihn hochrangige und einflussreiche Araber nach den Absichten der Briten fragten, sah er sich gezwungen, Ausflüchte zu machen und von den unterschiedlichen Versprechen, die aus Kairo durchsickerten, die besten zu unterstreichen und die schlechtesten herunterzuspielen. Eine entsprechende Konfrontation mit Nuri Schalaan, dem Führer des Rualla-Stammes, brachte ihn in eine sehr schwierige Lage. Später schrieb er darüber: »Von seiner Stimmung war, auf meine Antwort hin, die Entscheidung über Faisals Erfolg oder Scheitern abhängig. Innerlich zerrissen, gab ich ihm den Rat, dem letztdatierten der einander widersprechenden Dokumente Glauben zu schenken. Dank dieser doppelzüngigen Antwort wurde ich, sechs Monate später, Hauptvertrauensmann der Araber.« Später wählte er eine härtere Formulierung und bezeichnete sich selbst im Vergleich zu den anderen britischen Offizieren, die an dem Feldzug beteiligt gewesen waren, als »den größten Gauner unserer Bande«.

Abgesehen davon, dass er keine andere Wahl hatte, als unaufrichtig zu sein, bürdete Kairo ihm nach der Veröffentlichung der Balfour-Erklärung im November 1917, in der es hieß, die Briten betrachteten die Einrichtung eines jüdischen Staats in Palästina mit Wohlwollen, auch noch die Aufgabe auf, sicherzustellen, dass, wie er es selbst formulierte, »die Araber eine freundliche Haltung einnehmen, zumindest für die Dauer des Krieges«. Dies war eine Zumutung für einen Mann, der ohnehin unter ständigem Druck stand. Als er Anfang 1918 versuchte, seinen Posten in der Wüste aufzugeben, wurde er sofort wieder zurückgeschickt, weil man nicht auf ihn verzichten wollte. So musste er also »wieder den Mantel des Betrugs im Osten« anlegen und in seinen Krieg zurückkehren.

Es gab aber auch Glanzpunkte. Im Dezember 1917 war er bei Allenbys triumphalem Einzug in Jerusalem dabei. Dabei wurde er rasch mit einer Uniform ausstaffiert, die ihn auf den Bildern der offiziellen Berichterstattung eine ausgesprochen bescheidene Figur machen ließ. Für jemanden, der die Kreuzzüge studiert hatte und einen tief religiösen

Oben Eine so genannte »Tulpen«-Bombe, die auf der Hedschas-Bahn explodiert. In einer Nachkriegsabhandlung schrieb Lawrence über die Art der Sabotage, mit der dieser Effekt erzielt wurde: »Ein auf diese Weise traktierter Bahnabschnitt ist sehr schön, da die Schwellen wie frühe Tulpenknospen in unterschiedlichster Gestalt nach oben ragen.«

Hintergrund besaß, war dies ein Ereignis von immenser Bedeutung. Später bezeichnete er es als den »herausragendsten Moment des Krieges«.

Und es gab Omen. In Jerusalem lernte er den amerikanischen Journalisten Lowell Thomas kennen, der auf Anraten John Buchans den Osten besuchte. Er war auf der Suche nach einer erbaulichen Geschichte, die er an der Westfront mit ihrer sinnlosen Verschwendung von Menschenleben zu finden kaum eine Chance sah. Dank Ronald Storrs, mittlerweile Militärgouverneur von Jerusalem, wurden die beiden einander vorgestellt. Man könnte sagen, dass in diesem Moment die Saat für die Legende gesät wurde, denn Thomas war der Mann, der später den zu dieser Zeit noch unbekannten Archäologen und Soldaten in »Lawrence von Arabien« verwandeln sollte.

In seinem Krieg gab es aber auch jenen finsteren Moment in Deraa im November 1917, als er, der bewegenden Schilderung in seiner Autobiografie zufolge, von den Türken gefangen genommen, brutal misshandelt und der Erniedrigung einer Vergewaltigung ausgesetzt wurde. Später erklärte er, »in Deraa war in jener Nacht die Zitadelle meiner Unversehrtheit unwiderruflich verloren gegangen«. Es wurde häufig behauptet, dass es sich hierbei um reine Erfindung handele, doch die vielen Hinweise in seinen späteren Briefen und Schriften lassen nicht zu, dies als eine rein literarische Erfindung abzutun. In einer frühen Fassung seines Buchs »Die sieben Säulen der Weisheit« schrieb er, dass er ab jener Nacht »verstümmelt, unvollkommen, nur noch halb ich selbst« gewesen sei. »Es konnte nicht die Schändung gewesen sein, denn niemand brachte dem Körper weniger Achtung entgegen als ich selbst. Wahrscheinlich war es das Zerbrechen des Geistes durch diesen wahnsinnigen zerrüttenden Schmerz, der mich auf die Stufe eines Tieres erniedrigt hatte, als er mich vor sich herumkriechen ließ, und der mich seither immer begleitet hat. Eine Faszination und ein Schrecken und ein morbides Begehren, lüstern und teuflisch, wie die Sehnsucht des Falters nach seiner Flamme.«

Er sollte nie wieder der Mann sein, der er vor Deraa gewesen war.

Aufgrund der massiven Angriffe der Deutschen in Frankreich während der ersten Monate des Jahres verzögerten sich die Pläne für 1918. Da viele von Allenbys besten Truppen zur Verstärkung nach Frankreich zurückbeordert wurden, begann der finale Vorstoß gegen die Türken

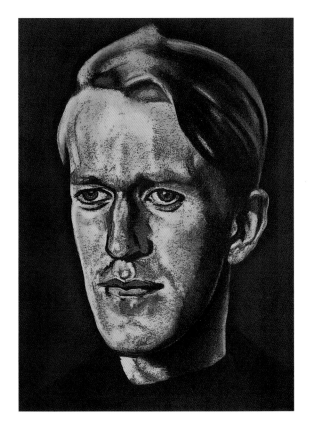

Unten Das Gesicht eines Mannes, der die Höhen und Tiefen des Krieges kennt. Pastellzeichnung von Lawrence aus »Die sieben Säulen der Weisheit«, angefertigt von Eric Kennington.

»Mein stärkster Beweggrund war während der ganzen Zeit ein persönlicher gewesen, den ich hier nicht erwähne; aber er ist mir, glaube ich, in diesen zwei Jahren zu jeder Stunde gegenwärtig gewesen. Zahlreiche Leiden und Freuden mochten in diesen Tagen wie Türme nach oben schnellen; doch wie zurückströmende Luft bildete sich dieser verborgene Drang immer wieder neu, bis er das beharrende Lebenselement blieb, fast bis zum Schluss. Er war tot, noch bevor wir Damaskus erreichten.«

erst wesentlich später als erhofft. Feisals Truppen unterstützten ihn dabei, so gut sie konnten. Bei ihrem Vormarsch kam es allerdings zu einem Zwischenfall, bei dem deutlich wird, dass sich Lawrence' Einstellung zum Töten geändert hatte, während er 18 Monate zuvor noch die Ansicht vertrat, man müsse die Zahl der Verluste möglichst gering halten. Auf dem Weg nach Norden wurden sie Zeugen eines Massakers an den Einwohnern eines Dorfes, in dem Tallal, einer der mit ihnen reitenden Stammesführer, zu Hause war. Außer sich vor Wut griff Tallal seine Feinde an und wurde kurz darauf von türkischen Kugeln durchlöchert. Zum ersten Mal in seinem Krieg erteilte Lawrence den Befehl, Vergeltung zu üben.

Der Einzug in Damaskus erfolgte am 1. Oktober 1918. Drei Tage später kehrte Lawrence mit Allenbys Erlaubnis nach England zurück. Ihm hatte das Ende des Feldzugs, wie er später schrieb, »die Erschöpfung des Hauptantriebs« vor Augen geführt; seine Hoffnungen und Ambitionen ließen sich besser in Europa als im Orient verwirklichen.

»Die sieben Säulen der Weisheit« endet an diesem Punkt der Geschichte. Auf der letzten Seite, die kursiv gesetzt ist – wohl um zu verdeutlichen, dass es sich hierbei um einen Anhang handelt –, findet sich der folgende beredte Abschnitt: »Mein stärkster Beweggrund war während der ganzen Zeit ein persönlicher gewesen, den ich hier nicht erwähne; aber er ist mir, glaube ich, in diesen zwei Jahren zu jeder Stunde gegenwärtig gewesen. Zahlreiche Leiden und Freuden mochten in diesen Tagen wie Türme nach oben schnellen; doch wie zurückströmende Luft bildete sich dieser verborgene Drang immer wieder neu, bis er das beharrende Lebenselement blieb, fast bis zum Schluss. Er war tot, noch bevor wir Damaskus erreichten.«

Man weiß, dass Dahoum im Verlauf des Krieges, möglicherweise schon 1916, an Typhus starb. Aber der Verfasser dieser sorgfältig formulierten Zeilen war T. E. Lawrence, also niemand, der sein Herz auf der Zunge trug oder sich leichthin der Öffentlichkeit oder auch nur seinen engsten Freunden offenbarte. Dies, ebenso wie die verschleiernde Funktion des Personalpronomens »er« im letzten Satz, legt nahe, dass Lawrence, ganz egal, was immer sonst er hier suggerieren oder andeuten wollte, nicht vorhatte, den Schleier zu lüften. Das Geheimnis bleibt bestehen und das war zweifelsohne auch beabsichtigt.

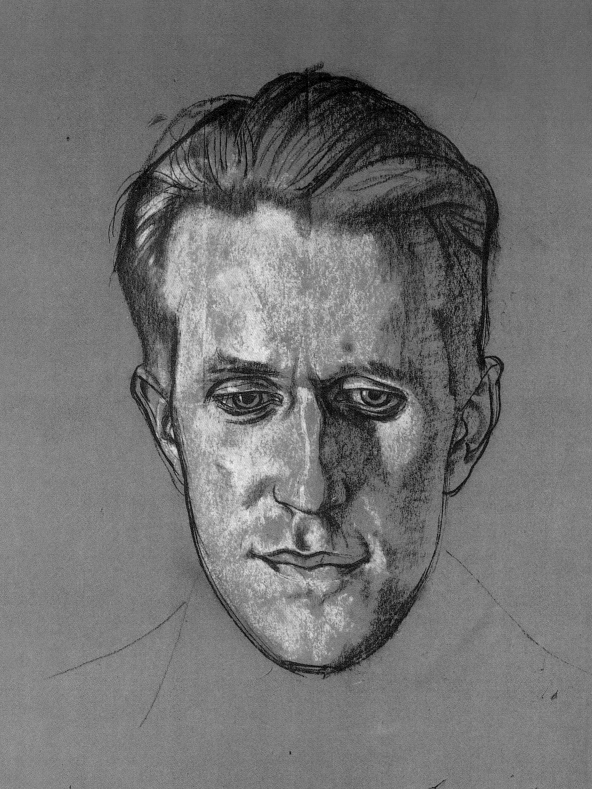

»Über diese Nacht ... sollte ich Ihnen nichts erzählen, denn anständige Menschen sprechen nicht über solche Dinge ... Aus Angst, verletzt zu werden, oder vielmehr, um mich fünf Minuten lang von einem Schmerz zu erholen, der mich rasend machte, gab ich den einzigen Besitz dahin, mit dem wir geboren werden – unsere körperliche Unversehrtheit: Es ist eine unverzeihliche Angelegenheit, etwas, das man nie wieder zurückerlangen kann; und dies ist der Grund, warum ich dem anständigen Leben und der Ausübung meiner nicht zu verachtenden Geistesgaben und Talente abgeschworen habe.«

Lawrence an Frau Charlotte Shaw, März 1923,
über seine Erfahrung in Deraa

Gegenüber Eine auf das Jahr 1921 datierte Skizze Kenningtons, die nicht in »Die sieben Säulen der Weisheit« aufgenommen wurde, da der Porträtierte sie merkwürdig beunruhigend fand.

Feisals Armee beim Einmarsch in Janbo

Ein Motiv aus einer Foto-
serie, die Lawrence machte,
als Feisals Truppen sich
im Dezember 1916 der am
Roten Meer gelegenen
Hafenstadt Janbo näherten;
die Aufnahme entstand
auf dem Medina-Tor der
Stadt.

Bilder vom arabischen Aufstand

Der Beginn: Dschidda, Oktober 1916

Rechts Dschidda vom Meer aus gesehen;
Fotografie aus dem Archiv von Lowell Thomas

»Wie gewöhnlich verlief die Fahrt bis Dschidda ruhig; das Wetter auf dem Roten Meer war angenehm und, solange das Schiff fuhr, nie zu heiß. Tagsüber lagen wir im Schatten, und während der herrlichen Nächte wanderten wir meist unter dem Sternenhimmel in der feuchten Brise des Südwinds auf dem betauten Deck auf und ab. Doch als wir schließlich im Außenhafen von Dschidda vor Anker gingen, vor uns die weiße Stadt, die zwischen dem lodernden Himmel und seinem Spiegelbild schwebte, das leuchtend über die weite Lagune wallte, da zeigte sich Arabiens Glut gleich einem gezückten Schwert und ließ uns verstummen. Es war Mittag, und die steile Sonne des Ostens hatte, wie Mondlicht, alle Farben ausgelöscht. Man sah nur Licht und Schatten, weiße Häuser und schwarze Straßenschluchten; davor der fahl schimmernde Dunst über dem Innenhafen; dahinter der blendende Glanz eines sich meilenweit erstreckenden Sandmeers, das bis an den Saum einer niedrigen Hügelkette reichte, die, nur schwach angedeutet, hinter dem fernen Hitzeschleier lag.«

Die sieben Säulen der Weisheit, Kapitel 8

Dschidda

Typische Straßenszenen: Lawrence machte die Fotos 1921 und fügte sie der Subskriptionsausgabe der »Sieben Säulen der Weisheit« bei.

Feisal, die Flamme

»Ich spürte auf den ersten Blick, dass dies der Mann war, den zu suchen ich nach Arabien gekommen war – der Mann, der die arabische Erhebung zu einem glorreichen Abschluss führen würde. In seinen langen, weißen Seidengewändern und seinem braunen Kopftuch, das von einer scharlachroten, golddurchwirkten Schnur gehalten wurde, wirkte Faisal sehr groß und säulenhaft-schlank. Seine Lider waren gesenkt, und sein bleiches Gesicht mit dem schwarzen Bart wirkte im Gegensatz zur merkwürdigen, regungslosen Wachheit seines Körpers wie eine Maske. Die Hände hielt er vor sich über seinem Dolch gekreuzt.

Ich grüßte ihn. Er ging vor mir her in das Zimmer und setzte sich auf seinen Teppich in der Nähe der Tür. Als sich meine Augen an das Dämmerlicht gewöhnt hatten, merkte ich, dass in dem kleinen Raum mehrere schweigende Gestalten saßen, die unverwandt auf mich oder Faisal blickten. Dieser starrte immer noch auf seine Hände, die sich langsam um seinen Dolch wanden. Schließlich erkundigte er sich leise bei mir, wie die Reise gewesen sei. Ich sprach von der Hitze, und er fragte, wie lange ich von Rabegh gebraucht hätte; meine Antwort kommentierte er mit den Worten, ich sei schnell geritten für die Jahreszeit. ›Und wie gefällt Ihnen unser Lager hier im Wadi Safra?‹ ›Gut; aber es ist weit weg von Damaskus.‹

Dieses Wort wirkte, als sei man mit einem Schwert zwischen sie gefahren. Ein Beben durchlief sie. Dann erstarrte jeder auf seinem Platz, und eine Minute hielten alle den Atem an. Einige träumten vielleicht von einem zukünftigen Erfolg, während andere darin womöglich eine Anspielung auf ihre jüngste Niederlage sahen. Endlich hob Faisal die Augen, lächelte mir zu und sagte: ›Gott sei Dank, gibt es auch Türken in unserer Nähe.‹«

»Mit diesem Brief schicke ich euch ein, zwei Aufnahmen; keine von ihnen ist besonders interessant, aber eines Tages werden wir vielleicht froh sein über sie ... Eines der Fotos zeigt das Scherifenlager im Wadi Janbo in der Morgendämmerung; ich habe es im letzten Januar um 6 Uhr morgens aufgenommen, und es ist ein sehr schönes Bild. Die meisten Bilder, die angeblich einen Sonnenaufgang zeigen, werden bei Sonnenuntergang gemacht, aber dieses ist wirklich gelungen.«

Aus einem Brief an seine Familie, 8. Januar 1918

Das Scherifenlager in der Morgendämmerung

Von Mitte Dezember 1916
bis Mitte Januar 1917
kampierten Feisals Truppen
im Nakhl Mubarak, einem
Dattelhain in der Nähe
von Janbo. Die Pause bot
Lawrence die von ihm so
oft wie möglich genutzte
Gelegenheit, mit der
Kamera die Schauplätze
und den Fortschritt des
Feldzugs festzuhalten.

Der Vormarsch auf Wedsch

»*Unser Aufbruch war für den 18. Januar gleich nach Mittag festgesetzt ... Wir blickten auf Feisal. Er erhob sich von seinem Teppich, ergriff beide Sattelknöpfe, presste das Knie gegen die Flanke des Tieres ... Der Sklave ließ das Kamel los, worauf dieses aufsprang. Sobald es auf den Füßen stand, schwang Faisal das andere Bein über den Rücken, zog mit einer Armbewegung seine Kleider und seinen Mantel unter sich und setzte sich im Sattel zurecht.*

Als sein Kamel lostrabte, schwangen auch wir uns in den Sattel, und sämtliche Tiere erhoben sich gemeinsam, einige mit Gebrüll, die meisten aber ruhig, wie es sich für abgerichtete Kamelstuten gehört ... Die Kamele machten ihre ersten, abrupten Schritte.«

Die sieben Säulen der Weisheit, Kapitel 24

»Wir sind keine Araber mehr, sondern ein Volk.«

Bemerkung eines jungen Stammesführers zu Lawrence auf der Reise nach Wedsch,
Die sieben Säulen der Weisheit, Kapitel 24

Ankunft in Wedsch

Ein klassisches
Lawrence-Foto:
Feisals Armee nähert
sich Wedsch,
25. Januar 1917.

Feisals Lager in Wedsch

Auch dieses Foto stammt von Lawrence selbst, der sich auf dem kleinen Bild in arabischen Gewändern präsentiert, auch wenn er hier, seiner Gewohnheit folgend, eine Armbanduhr trägt. Wie am Hintergrund deutlich zu erkennen, wurde die Aufnahme in Wedsch gemacht, vermutlich von derselben unbekannten Person, von der auch das Foto auf Seite 41 stammt.

»Da es in Wedsch üblich war, in großem, ja sehr großem Abstand voneinander zu kampieren, lief ich ständig zwischen Faisals Zelten, den Zelten der Engländer, den Zelten der ägyptischen Armee, der Stadt, dem Hafen und der Funkstation hin und her. Täglich wanderte ich unermüdlich in Sandalen oder barfuß über die Pfade aus Korallenkalk und gewöhnte auf diese Weise meine Füße ganz allmählich daran, fast schmerzlos über steinigen und glühend heißen Boden zu gehen, sodass mein ohnehin abgehärteter Körper noch widerstands- und leistungsfähiger wurde.«

Die sieben Säulen der Weisheit, Kapitel 29

Angriff auf den Feind

Links Einer von Feisals jüngsten Leutnants, Scherif Ali ibn el Hussein vom Harith-Stamm; Pastellzeichnung von Eric Kennington aus dem Jahre 1921, als Ali dreiundzwanzig war. Lawrence schrieb über ihn: »Sein Mut, seine Fähigkeiten und seine Energie standen außer Frage. Von Anfang an hatte es kein Abenteuer gegeben, vor dem er zurückgeschreckt wäre; kein Fehlschlag, dem er nicht mit seinem hellen, lauten Lachen die Stirn geboten hätte ... Körperlich war er in fantastischer Verfassung ... Darüber hinaus konnte er barfuß ein trabendes Kamel im Lauf einholen, eine halbe Meile lang neben ihm herlaufen und dann in den Sattel springen.« (Die sieben Säulen der Weisheit, Kapitel 70). Scherif Ali war der ideale Soldat für diese Form des Krieges, die charakteristisch für den arabischen Aufstand war.

Gegenüber Truppen beim Marsch auf Bir el Amri unter dem Befehl von Scherif Scharref, März 1917.

»Aber angenommen, wir waren (wie wir dies sein wollten) ein Einfluss, eine Idee, etwas Ungreif-
bares, Unverwundbares, ohne Vorder- oder Rückseite, umherströmend wie Gas? Armeen waren wie
Pflanzen, unbeweglich, fest verwurzelt, ernährt von langen Stielen, die bis zur Spitze führten. Wir
konnten wie Dunst sein, der dorthin wehte, wohin es uns trieb ...

Die meisten Kriege waren Begegnungskriege: Beide Seiten legten es darauf an, miteinander
in Berührung zu kommen, um taktische Überraschungen zu vermeiden. Unser Krieg sollte ein Krieg
des Ausweichens sein. Wir mussten den Feind mit der stillen Drohung einer weiten, unbekannten
Wüste in Schach halten ...«

Mittel zur Kriegsführung

Der Wüstenfeldzug ließ sich nicht allein durch strategische Überlegungen gewinnen. Von Anfang an gab es einen großen Bedarf an kriegswichtigem Material, um die Kampagne weiterführen zu können. So erklärt sich die »Einkaufsliste«, die Lawrence im Juli 1917 auf der Rückseite eines Signal- und Notizblocks der Armee erstellte. Für die Aufrechterhaltung der Moral benötigte er Konsumgüter und Geld; daher der Wunsch nach 6 000 Zigaretten und 16 000 Pfund in bar, neben Artikeln, die der »Grundversorgung« dienten, wie Munition, Dynamit und Lewis-Maschinengewehre. Auch Kaffeebecher und Thermoskannen finden sich auf der Liste, denn eine Armee musste ebenso trinken wie kämpfen, und Kaffee war im Nahen Osten aus Gründen der Gastfreundschaft unerlässlich.

Kurz vor dem Ziel

Unten Lawrence bei Rabegh, nördlich von Dschidda, fotografiert von B. E. Leeson, einem Offizier des Royal Flying Corps (der ein lebenslanger Freund werden sollte), März 1917.

Rechts Lawrence auf einem Kamel, unbekannter Fotograf, 1917. Sicherlich wusste der Fotograf dieses »Schnappschusses« nicht, dass dieser eine Ikone des 20. Jahrhunderts werden sollte.

Akaba: Der entscheidende Schlag

Der Hafen von Akaba, aufgenommen nach seiner Eroberung im Juli 1917. Der Eindruck eines verschlafenen Urlaubsorts täuscht darüber hinweg, dass der Hafen heftig von den Feinden verteidigt wurde. Aber die Leichtigkeit, mit der er fiel, legt nahe, dass dieses Foto die wesentliche Stimmung einfing.

Rechts Lawrence' eigene dramatische Aufnahme des Angriffs auf Akaba am 6. Juli 1917. Es ist bemerkenswert, dass Lawrence zu einer Zeit, als die Fotografien von der Westfront in Frankreich und Flandern in der Regel mit hochwertigen Standkameras gemacht wurden, mit seiner kleinen Kodak und einem 120er-Negativfilm Aufnahmen gelangen, die Bildern aus späteren Kriegen in nichts nachstehen. Anders als der Fotograf des Bildes auf Seite 75, der sich dessen Bedeutung sicher nicht bewusst war, erkannte Lawrence die Wichtigkeit dieser Aufnahme. Sie war ein anschaulicher Beweis für die Effektivität seiner Politik der gezielten Nadelstiche. Diese wertvolle Fotografie sollte auch als wichtiges militärisches Dokument anerkannt werden, dessen Bedeutung weit über die Zeit seiner Entstehung hinausreicht.

»Seit Monaten war Akaba das Ziel und der einzige Gegenstand unseres Strebens gewesen; wir hatten keinen anderen Gedanken gehabt, keinen anderen Gedanken zugelassen, als diesen einen ... Wir stürmten durch einen Sandsturm nach Akaba hinab und am 6. Juli direkt in das aufspritzende Meer hinein, genau zwei Monate nach unserem Aufbruch von Wedsch.«

Die sieben Säulen der Weisheit, Kapitel 54/55

Unterstützung

Links General Sir Edmund Allenby, Oberkommandeur der ägyptischen Expeditionsstreitkräfte, 1917–18. Sämtliche Bemühungen von Lawrence wären möglicherweise fehlgeschlagen, hätte er nicht in Allenby einen Kommandeur gefunden, der scharfsinnig genug war, sie für die Ziele der Alliierten zu nutzen. Lawrence erkannte Allenbys Format sofort, der wiederum durch die Eroberung von Akaba von Lawrence' strategischen Fähigkeiten überzeugt war.

Sicherung des Stützpunkts

Unten und rechts Diese Aufnahmen zeigen, wie Akaba gesichert wird, um als Basis für zukünftige Schläge gegen den Feind zu dienen und vor diesem gewappnet zu sein; dies erklärt die Anwesenheit des HMS »Humber« am so genannten Chatham Pier, eines leichten Monitorschiffs mit drei Sechs-Zoll-Kanonen (hinten rechts), das erfolgreich zur Abschreckung diente.

»Allenby, riesig und rot und fröhlich,
ein passender Repräsentant der Macht,
die einen Gürtel Humor und aktiven
Handel um die Welt geschlungen hatte.«

Die sieben Säulen der Weisheit, Kapitel 122

Akaba im Rückblick

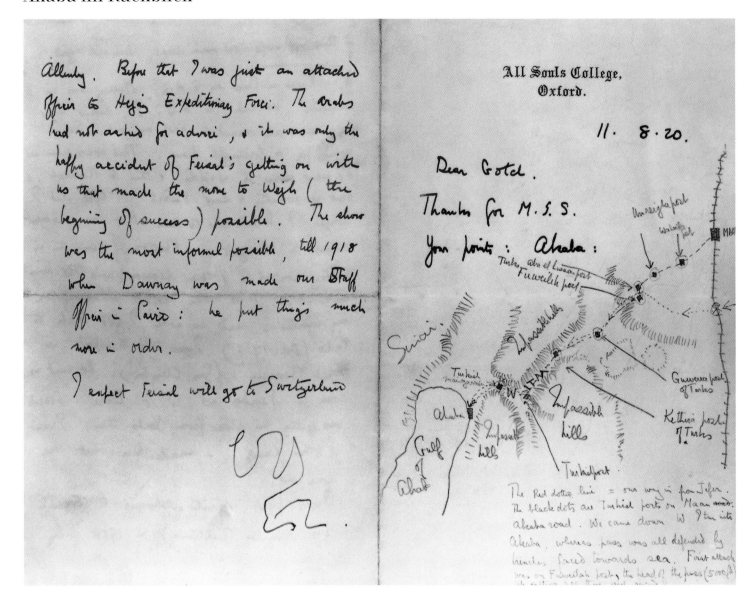

Ein faszinierender Rückblick auf Akaba von 1920, als Lawrence im All Souls College in Oxford mit seiner Darstellung des Wüstenfeldzugs kämpfte. Leonard Gotch, ein ehemaliger Offizier im Planungsstab von Kairo, schrieb ihm, er wolle einen Vortrag über Lawrence' Taten halten. Lawrence antwortete mit einem vierseitigen Brief, der auch Karten enthielt, darunter links eine detaillierte Darstellung der Situation in Akaba im Juli 1916, und rechts eine Karte, die sowohl die geografische Lage von Akaba in Bezug auf Wedsch zeigt als auch die tatsächliche Strecke, die Lawrence und sein Sonderkommando zurücklegten, um Akaba von hinten anzugreifen.

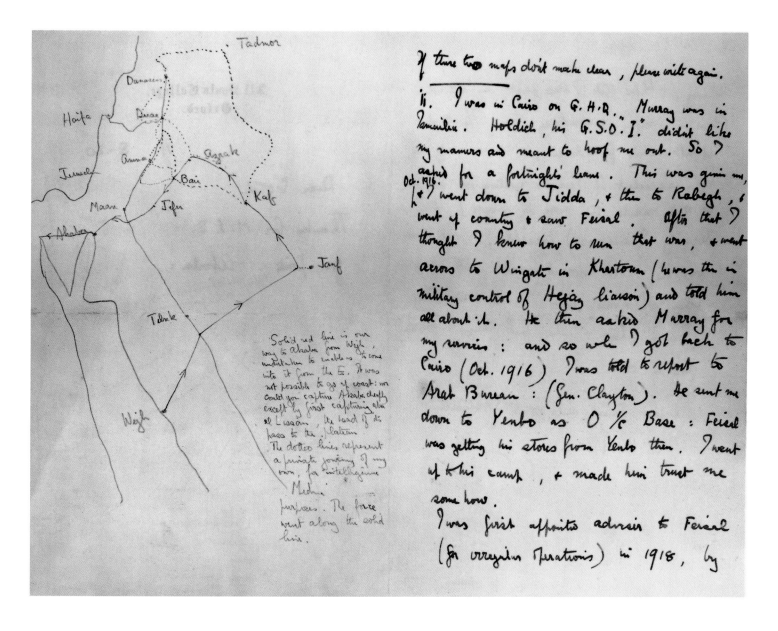

If these two maps don't make clear, please write again.

ii. I was in Cairo on G.H.Q. Murray was in Ismailia. Holdich, his G.S.O. "I." didn't like my manners and meant to hoof me out. So I asked for a fortnight's leave. This was given me, & I went down to Jidda, & then to Rabegh, & went up country & saw Feisal. After that I thought I knew how to run that war, & went across to Wingate in Khartoum (he was then in military control of Hejaz liaison) and told him all about it. He then asked Murray for my services: and so when I got back to Cairo (Oct. 1916) I was told to report to Arab Bureau: (Gen. Clayton). He sent me down to Yenbo as O ⁄c Base: Feisal was getting his stores from Yenbo then. I went up to his camp, & made him trust me somehow.

I was first appointed adviser to Feisal (for irregular operations) in 1918, by

Man beachte, dass Lawrence' Antwort zwar hinsichtlich des Angriffs auf Akaba bemerkenswert detailliert ist, doch seltsam ungenau, ja regelrecht irreführend, was seine eigene Rolle während des Krieges betrifft. Seine Aussage »Ich wurde zunächst 1918 von Allenby zum Berater (für irreguläre Operationen) ernannt« ist eindeutig eine Untertreibung seines tatsächlichen Status' und Einflusses. Vermutlich spiegelt sich darin die gedrückte Stimmung wider, in der er sich damals befand. Die Karten sprechen eine andere und genauere Sprache.

Lawrence und die Wüste

»Die Wesensart der Beduinen ist schwer zu ertragen, selbst für diejenigen, die bei ihnen aufgewachsen sind; doch für Fremde ist sie furchtbar – wie Tod im Leben. Wenn der Marsch oder die Arbeit beendet war, hatte ich nicht mehr die Kraft, Eindrücke festzuhalten, oder auch nur die Neigung, den geistigen Liebreiz wahrzunehmen, dem wir bisweilen am Wegesrand begegneten ...

Die Abstraktion der Wüstenlandschaft reinigte mich und machte meinen Geist frei, ihre ungeheure Großartigkeit zu fassen, eine Großartigkeit, die nicht dadurch gesteigert wurde, dass man ihrer Leere Gedanken hinzufügte, sondern indem man von diesen abließ. In der Schwäche des Erdenlebens spiegelte sich die Stärke des Himmels: so gewaltig, so schön, so stark.«

Die sieben Säulen der Weisheit, Kapitel 1/93

»Zunächst war es graues Geröll gewesen, dicht beieinander liegend wie Kies. Dann nahm der Sand allmählich zu und die Steine wurden seltener, sodass wir schließlich die Farben der verschiedenen Schichten unterscheiden konnten: Porphyr, grüner Schiefer, Basalt. Zuletzt war es nahezu reiner weißer Sand, unter dem eine härtere Gesteinsschicht lag. Auf dieser liefen die Kamele wie auf einem Samtteppich. Die Sandkörnchen waren sauber geschliffen und fingen die Sonnenstrahlen wie kleine Diamanten mit derart blendenden Reflexen auf, dass es nach einer Weile nicht mehr auszuhalten war. Ich kniff die Augen zusammen und zog mir das Kopftuch wie ein Visier weit über die Nase, um die Hitze abzuwehren, die mir in glasigen Wellen vom Boden aufsteigend ins Gesicht schlug.«

Die sieben Säulen der Weisheit, Kapitel 11

Auf dem Weg ins Wadi Rumm

Eine weitere von Lawrence' Wüstenfotografien, die ein ihm besonders wichtiges Motiv zeigt. Die Berge im Hintergrund begrenzen eine seiner Lieblingsgegenden in Arabien, das Tal von Rumm, das eigentlich ein wasserloser überirdischer, hundert Meilen langer Canyon ist. Er schrieb: »Selbst die nüchternen Howeitat haben seine phantastischen Wunder gerühmt«, während das Tal für ihn selbst »riesig und widerhallend und gottähnlich war«. Später erklärte er, dass er manchmal von der direkten Route abgewichen sei, um seinen »Kopf durch eine Nacht im Wadi Rumm freizubekommen«.

»Gewaltiger als die Phantasie ...«

Lawrence war von der eigentümlichen Erhabenheit der Wüste bewegt, wie seine Fotografie, links, von Dschebel el Sukhur zeigt. Doch nichts beeindruckte ihn so sehr wie das Tal von Wadi Rumm, das auf der gegenüberliegenden Seite abgebildet ist.

»Bekrönt wurden die einzelnen Berge von Gruppen kuppelartiger Gipfel, nicht so brennend rot wie das übrige Massiv, sondern eher grau und matt. Sie vollendeten den Eindruck einer byzantinischen Architektur, den dieser unwiderstehliche Ort erweckte, dieser Prozessionsweg, der gewaltiger ist, als ihn sich die Phantasie vorzustellen vermag. Die ganze arabische Armee hätte sich der Länge und Breite nach darin verlieren und zwischen den Felswänden hätte ein Geschwader Formation fliegen können. Unsere kleine Karawane wurde sehr nachdenklich und verfiel in tiefes Schweigen; man fühlte sich beängstigt und beschämt, die eigene Unbedeutendheit in Anbetracht dieser gewaltigen Berge zur Schau zu stellen.«

Die sieben Säulen der Weisheit, Kapitel 62

Der Wüstenfeldzug aus Sicht eines Künstlers

»Es ist nur eine Kleinigkeit ... aber die Technik der Kleidung, die Form der Kamele, die Sitze der Reiter usw. sind so präzise, als hätten Sie sie vor Ort studiert. Sie müssen sich wohl bis zur Erschöpfung dem Studium dieser Fotografien gewidmet haben. Ich bin Ihnen jedenfalls ganz außerordentlich dankbar!«

Lawrence an William Roberts,
11. Dezember 1922

Links Das Bild »Kamelmarsch« von William Roberts, das speziell für die Subskriptionsausgabe der »Sieben Säulen der Weisheit« entstand. Lawrence lieh dem Künstler Fotografien, die diesem bei den Details helfen sollten.

Die Schmalspur-»Pilger«-Bahn, die Damaskus mit Medina – dem Endbahnhof für die heilige Stadt Mekka – verband und in den Jahren 1917–18 ein häufiges Ziel von Angriffen arabischer Truppen wurde. Das Foto zeigt einen türkischen Versorgungszug bei Kissir, südlich von Amman und 234 km von Damaskus. Die Bahn selbst war über 1380 km lang.

Der Eisenbahn-Krieg

Links Die Eisenbahntrasse bei Abu Taka. Bezeichnenderweise griff Lawrence, zumindest in der ersten Phase des Feldzugs, lieber Gleise als Züge an, um seine Gefährten nicht unnötigen Risiken auszusetzen.

Unten Ein zerstörter Zug aus dem arabischen Feldzug. Foto von 1967.

»Die Regierungen sahen die Menschen nur als Masse; aber unsere Leute waren Irreguläre, keine festen Formationen, sondern Individuen. Der Tod eines Einzelnen mochte, wie ein Stein, den man ins Wasser fallen lässt, nur eine kurze Leere verursachen; doch von ihr breiteten sich weite Kreise des Leids aus. Verluste konnten wir uns nicht leisten. Die Angriffe auf die Bahnlinie erfolgten normalerweise auf verlassenen Streckenabschnitten; je verlassener sie waren, desto größer war der taktische Erfolg. Wir mussten aus unserer Not eine Tugend machen ... und es uns zur Gewohnheit machen, uns nie auf ein Gefecht mit dem Feind einzulassen. Uns ging es darum, nicht die Armee des Türken, sondern seine materiellen Hilfsmittel zu zerstören. Die Zerstörung einer türkischen Brücke oder Eisenbahn, einer Maschine oder Kanone oder eines Sprengstofflagers war für uns von größerem Nutzen als der Tod eines Türken.«

Die sieben Säulen der Weisheit, Kapitel 33

Erfolge arabischer Aktionen

Lawrence hatte zwei unterschiedliche Haltungen zu Angriffen auf die Eisenbahn, je nachdem, ob der Tod von Feinden sich dabei nicht vermeiden ließ. Einem Freund in der Armee schrieb er: »Ich hoffe, das klingt so lustig, wie es ist ... Es ist eine absolut amateurhafte, Buffalo-Bill-artige Darbietung, und die einzigen Leute, die sie richtig gut beherrschen, sind die Beduinen.« Doch am Tag zuvor hatte er einem Kollegen in Oxford geschrieben: »Ich halte dieses Spiel nicht länger aus: Die Nerven liegen blank und die Zuversicht ist dahin und von beidem bräuchte man jede Menge ... Dieses ständige Töten von Türken ist schrecklich ...«

Auf dem Weg nach Norden

Links Lawrence, rechts, auf einem Bild, das ihn 1917 mit zwei anderen Offizieren während eines Angriffs auf türkisch besetztes Gebiet zeigt.

Das Gewehr, das der Offizier links im Bild in der Hand hält, ist eine Lee Enfield Marke 3, ähnlich dem oder möglicherweise sogar identisch mit dem hier abgebildeten: Lawrence' eigenes Gewehr, das am Kolben die Inschrift »T.E.L. 4.12.16« trug. Er bekam es von Feisal geschenkt, der es vor dem arabischen Aufstand von dem türkischen Führer Enver Pascha erhalten hatte. Ursprünglich war es bei dem gescheiterten britischen Angriff bei Gallipoli zum Einsatz gekommen. In einem Brief vom Dezember 1917 erklärte Lawrence, die arabische Inschrift besage: »Teil unserer Beute bei den Dardanellen-Kämpfen«. Lawrence selbst schenkte das Gewehr später König Georg V., der es dem Imperial War Museum überließ.

Die Burg bei Asrak

»Wir befinden uns in einer alten Festung mit Steindächern und -böden und Steintüren von der Art, wie man sie in Baschan hatte. Das Ganze muss etwas auf Vordermann gebracht werden, doch es wird jeden Tag besser ... Ich bleibe hier einige Tage, lasse meine Kamele ein wenig ausruhen, und dann versetzen wir ihnen den nächsten Hieb. Der letzte ›Hieb‹ traf Lokomotiven. Die eine zersprang in Stücke, die andere fiel beim ersten Schlag. Ein sehr erfolgreicher Augenblick! Wenn ihr in der Zeitung eine Meldung lest ›Ein Sonderkommando der nördlichen Armee von Scherif Feisal usw.‹, dann ist dort von mir die Rede!«

Aus einem Brief an seine Familie, 14. November 1917

Links Die Burg bei Asrak, in der Wüste östlich von Amman, wo Lawrence im November 1917 den größten Teil des Monats verbrachte.

Unten Der Raum in der Burg bei Asrak, in dem sich Lawrence angeblich aufhielt. Beide Aufnahmen stammen von ihm.

»In diesen langen Nächten in Asrak waren wir sicher vor der Welt ... Am Abend, wenn wir das Tor geschlossen hatten, versammelten sich alle Gäste ... und Kaffee und Geschichten machten die Runde bis zur letzten Mahlzeit und auch noch darüber hinaus, bis uns der Schlaf übermannte. In stürmischen Nächten entfachten wir in der Mitte des Raums auf dem Boden ein großes Feuer aus Reisig und Dung. Ringsherum legten wir Teppiche und Sattel-Schafsfelle, und beim Schein der Flammen erzählten wir von unseren eigenen Kämpfen oder lauschten den Geschichten unserer Gäste. Die züngelnden Flammen ließen unsere vom Rauch zerzausten Schatten unruhig über die raue Steinwand zittern und verzerrten sie seltsam über den Erhebungen und Vertiefungen ihrer brüchigen Fläche ... Vergangenheit und Zukunft strömten über uns hin wie ein nie versiegender Fluss. Wir träumten vom einstigen Leben in diesen Mauern: von Belagerungen und Festen, Angriffen, Morden und nächtlichem Minnesang.«

Die sieben Säulen der Weisheit, Kapitel 79

Links Lawrence auf einem Foto, das ihn zwischen den durch einen seiner Eisenbahnangriffe verursachten Trümmern zeigt; vielleicht kommt dieses Bild demjenigen am nächsten, das der Spielfilm von David Lean mit Peter O'Toole in der Titelrolle 45 Jahre später verewigen sollte.

Gegenüber Die Jarmuk-Brücke auf der Strecke, die die Hedschas-Bahn mit Palästina verbindet. Allenby hatte ihn gebeten, sie zu zerstören; als ihm dies nicht gelang, weil einer seiner Männer ein Gewehr hatte fallen lassen, als sie sich der Brücke näherten, tobte Lawrence vor Wut. Dies alarmierte die Brücken-Garnison, die die Angreifer mit einem Kugelhagel vertrieb. Lawrence zufolge war er nach Deraa gekommen, um diesen Misserfolg wettzumachen. Dort wurde er dann Opfer einer Vergewaltigung, die ihn bis an sein Lebensende quälen sollte.

Erfolg – und Scheitern

Jerusalem…
»der herausragendste Moment«

Gegenüber General
Allenbys triumphaler Einzug
in Jerusalem, nachdem die
Briten es von den Türken
erobert hatten. Aus Respekt
vor der heiligen Stadt
kam Allenby nicht zu Pferd,
sondern ging zu Fuß.

Oben Eine Gruppe alliierter
Offiziere vor dem offiziellen
Einzug. Der kleine britische
Offizier im Hintergrund (dritter
von links) in einer eigens für
diesen Zweck ausgeliehenen
Armeeuniform ist Lawrence.
Obwohl er an der Einnahme
der Stadt nicht beteiligt war,
begrüßte er sie als den
»herausragendsten Moment
des Krieges«.

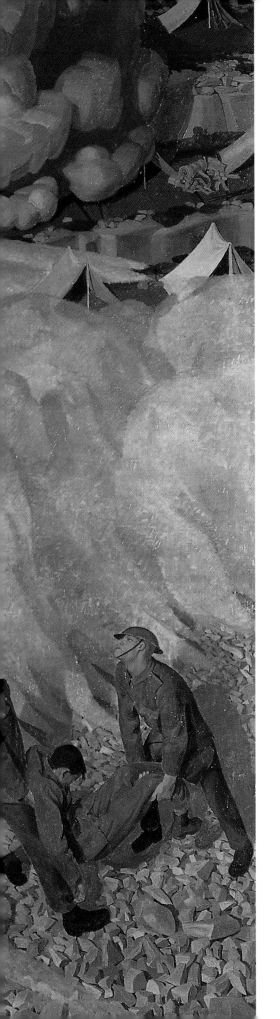

Der Feldzug in Palästina

»Irische Truppe in den Bergen von Judäa überrascht von einem türkischen Bombardement«, Gemälde von Henry Lamb aus dem Jahre 1919. Lawrence wählte es als Illustration für »Die sieben Säulen der Weisheit«. Das Bild geht auf einen speziellen Auftrag des Informationsministeriums zurück, etwas zum »Thema Palästina« zu malen, und erinnert daran, dass die Hauptlast des Feldzugs im Nahen Osten von den regulären Soldaten der Nahost-Epeditionsstreitkräfte in Palästina getragen wurde und nicht von den irregulären Kämpfern, mit denen Lawrence in der Wüste diente. Dass er das Bild in sein Buch aufnahm, könnte eine Anerkennung dieser Tatsache sein, auch wenn das Zitat verdeutlicht, dass er der Notwendigkeit einer militärischen Großoffensive gegenüber skeptisch blieb.

»Durch sorgfältiges Beharren, indem wir unsere Kräfte nicht überstrapazierten und unsere Theorien beherzigten, waren wir schließlich im Stande, die Türken völlig außer Gefecht zu setzen, und der Sieg schien schon in greifbare Nähe gerückt, als General Allenby mit seinem gewaltigen Vorstoß in Palästina die Haupttruppen des Feindes in hoffnungslose Verwirrung stürzte und dem türkischen Krieg ein sofortiges Ende bereitete. Wir waren glücklich, dass unsere Leiden vorüber waren, doch mehrfach habe ich es seither für mich bedauert, dass Allenbys Über-Lebensgröße mir die Gelegenheit nahm, den Satz von Saxe, ein Krieg lasse sich auch ohne Schlachten gewinnen, bis zum Ende zu beherzigen.«

Aus »The Evolution of a Revolt«,
veröffentlicht im »Army Quarterly«, Oktober 1920

Tafileh – Kriegsbeute

Österreichische Geschütze, die im Januar 1918 in Tafileh südlich des Toten Meeres erbeutet wurden. Das Ergebnis des türkischen Sturmangriffs waren 400 tote und 250 in Gefangenschaft geratene Türken; auf arabischer Seite waren 25 Tote und 40 Verwundete zu beklagen. Während die Aktion in der offiziellen Kriegsgeschichte als »großartige militärische Leistung« gepriesen wurde, beklagte Lawrence den sinnlosen Tod dieser Soldaten. »Dies war keine Ruhmestat«, schrieb er, was bleibe, sei »das Entsetzen angesichts des zerfetzten Fleisches, das einmal unsere Männer waren, die an uns vorbei nach Hause getragen wurden.« Das Hauptquartier fand Gefallen an seinem Bericht über das Geschehen und bedachte Lawrence »als Gipfel der Ironie auch noch mit einer Auszeichnung in entsprechender Höhe.« Das veranlasste ihn zu dem sarkastischen Kommentar: »Wir hätten mehr dekorierte Brüste in der Armee, wenn jeder Mann seinen eigenen Bericht ohne Zeugen verfassen dürfte.«

»Die Burschen waren sehr stolz darauf, meiner Leibgarde anzugehören, und erledigten ihre Arbeit mit Feuereifer. In ihrer Kleidung erinnerten sie an ein Tulpenbeet: Sie trugen jede erdenkliche Farbe mit Ausnahme von weiß; denn dies war die Farbe meiner Kleidung, und sie wollten nicht den Eindruck erwecken, sie wollten mir gegenüber anmaßend sein ... Sie ritten Tag und Nacht nach meinem Gutdünken und rechneten es sich zur Ehre an, niemals Ermüdung zu zeigen ... Fast sechzig von ihnen fielen in meinem Dienst.«

Die sieben Säulen der Weisheit, Kapitel 83

Lawrence und seine Leibgarde

Lawrence mit einigen der »ausgesuchten Reiter«, die während eines Großteils des Jahres 1918 mit ihm zusammen dienten. Das Foto zeigt sie in Akaba; Lawrence (der bei dieser Gelegenheit keine weißen Gewänder trug) steht in der Mitte.

Männer, die Lawrence begleiteten

Pastellporträts von Eric Kennington, 1921:
Links Mahmas ibn Dakhil: »ein schmallippiger junger Mann mit spitzem Kinn und vorspringender Stirn, dessen kugelförmige Augen nach innen abfielen, was ihm einen ungeheuer ungeduldigen Ausdruck verlieh. Er war eigentlich kein Mitglied meiner Leibgarde, sondern ein Kameltreiber ... Wegen seines ständig gekränkten Stolzes war er ein heftiger und gefährlicher Begleiter. Wenn er im Wortwechsel den Kürzeren zog oder ausgelacht wurde, beugte er sich vor, packte seinen stets griffbereiten kleinen Dolch und stach los.« (Die sieben Säulen der Weisheit, Kapitel 87)

Gegenüber Muttar il Hamoud Mini Bini Hassan: »Muttar, der irgendwie zu den Beni Hassan gehörte, schloss sich uns von sich aus an. Sein feister, bäurischer Hintern füllte seinen Kamelsattel voll aus und trug in entsprechendem Maße zu den derben Witzen bei, mit denen sich meine Garde unterwegs die Zeit vertrieb ... Solange seine unverschämte Habgier nicht enttäuscht wurde, konnten wir uns seiner sicher sein.« (Die sieben Säulen der Weisheit, Kapitel 71)

»Fighting de luxe«

Unten In der zweiten Phase des Wüstenfeldzugs, der Eroberung Akabas, kamen gepanzerte Wagen zum Einsatz, was der Kampagne Schwung und Eleganz verlieh. Lawrence nannte dies »fighting de luxe«. Das Auto auf dem Foto ist Lawrence' eigener Rolls Royce, in dem er Hunderte von Meilen zurücklegte und dem er den Spitznamen »Blue Mist« (Blauer Dunst) gab. Obwohl der Rolls Royce 18 Monate lang auf schwierigem Gelände eingesetzt wurde, blieb er nur einmal liegen.

»Rolls war ein großer Mann und der Royce-Wagen eine große Sache. Hier in der Wüste wogen beide hundert Mann für uns auf.«

Die sieben Säulen der Weisheit, Kapitel 108

Gegenüber Ein merkwürdiger Anblick im Wadi Itm im März 1918 – ein Talbot. Unter den Passagieren sind Auda, links stehend, und Feisal, rechts auf dem Beifahrersitz. Die Identität des Fahrers ist nicht geklärt.

Der Luftkrieg

Links Doppeldecker des Royal Flying Corps (das am 1. April 1918 in Royal Air Force umbenannt wurde), die in den letzten Etappen des Wüstenkrieges eine wesentliche Rolle spielten. Sie erfüllten Aufklärungs-, Kommunikations-, Angriffs- und Schutzfunktionen. Sie weckten große Neugierde; die Fotografie unten links zeigt einen Araber, der das Maschinengewehr Bristol F.2B inspiziert.

Gegenüber Diese von Lawrence gemachte Aufnahme eines abgestürzten BE12-Doppeldeckers verdeutlicht die Stärke und die Verwundbarkeit der Luftwaffe. Der Pilot der Maschine, ein Leutnant Junor, hatte aus der Luft einen Angriff auf den Jarmuk-Abschnitt der Bahnverbindung nach Palästina im September 1918 unterstützt und wurde plötzlich auf drei Seiten von feindlichen Flugzeugen angegriffen. Nach der Bruchlandung hatte er das Cockpit gerade verlassen, als ein türkisches Flugzeug eine Bombe über ihm abwarf.

Der Luftkrieg in der Kunst

Gegenüber »Der See Genezareth: Flugzeuge greifen türkische Boote an« von Sydney Carline, 1919.

Rechts »Die Zerstörung türkischer Transportmittel in der Schlucht von Wadi Fara« von Sydney Carline, 1920.

Lawrence beschrieb dieses Ereignis später als einen »Höhepunkt der Luftangriffe« und ein »Inferno für die unglücklichen Türken«. Er fügte hinzu: »Als unsere Kavallerie am nächsten Tag in das stille Tal einritt, zählte sie neunzig Kanonen, fünfzig Lastwagen, fast tausend Karren, die mit allem Hab und Gut zurückgelassen worden waren. Die Royal Air Force verlor vier Soldaten. Die Türken verloren ein ganzes Korps.«

Gegenüber Fotografie aus der Luft; eine beeindruckende Luftaufklärungsaufnahme, die unten rechts den Bahnhof von Mudewwere zeigt, der im Juli 1918 Gegenstand eines Großangriffs wurde.

Rechts »Damaskus und die Berge des Libanon aus 3 000 Meter Höhe« von Richard Carline. Damaskus am unteren Bildrand.

Rechts »Luftansicht des Zieles des arabischen Feldzugs, Damaskus« von Richard Carline. Offenkundig eine meisterhafte »Großaufnahme« im Vergleich zu dem Gemälde auf der vorhergehenden Seite.

Endstation

Die Endstation der
Hedschas-Bahn,
die die Türken am
30. September 1918
in Brand steckten,
bevor sie die Stadt
verloren gaben.

Die letzten Tage: Oktober 1918

Gegenüber Lawrence in seinem Auto »Blue Mist« in Damaskus; er erreichte die Stadt am 1. Oktober. Seine Haltung und allgemeine Erscheinung lassen auf äußerste Erschöpfung schließen.

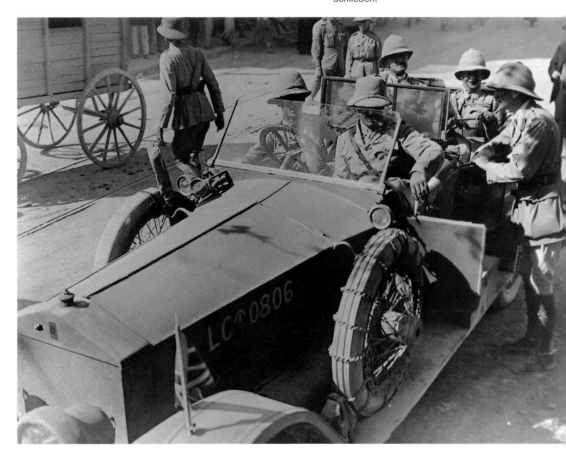

Oben Ankunft des Oberkommandeurs General Allenby (neben dem Fahrer) in Damaskus am 3. Oktober. Allenby überbrachte die Neuigkeit, dass man Feisal nicht das zugestand, was er und Lawrence erhofft hatten, und Syrien faktisch ein französisches Lehen würde.

Das eroberte Damaskus

Rechts Arabische Truppen
in der Stadt, Oktober 1918

*»Scherif Nasir und Major Stirling
zogen am 1. Oktober um 9 Uhr unter
allgemeinem Jubel der Einheimischen
in Damaskus ein. Auf den Straßen
war wegen der Menschenmassen fast
kein Durchkommen. Die Menschen
schrien, bis sie heiser waren, tanzten,
schnitten sich mit Schwertern und
Dolchen und feuerten Salven in die
Luft. Man ließ Nasir, Nuri Schalaan,
Auda abu Tayi und mich hochleben,
übersäte uns mit Blumen und Küssen
und besprengte uns mit Rosenöl.«*

*Lawrence an den Generalstab, G.H.Q.,
aus Damaskus, 1. Oktober 1918*

Das befreite Damaskus

Der Hauptplatz, 2. Oktober 1918, mit britischen Versorgungsfahrzeugen und einer arabischen Patrouille; Bewohner der Stadt verfolgen das Geschehen.

Damaskus im Übergang

Rechts Arabische Truppen auf Kamelen reiten an einer Gruppe türkischer Gefangener vorbei.

»Die Straßen waren voll von den Trümmern der geschlagenen Armee ... Typhus, Ruhr und Fleckfieber waren weit verbreitet ... Nuri organisierte Straßenfegertrupps, um die verpesteten Straßen und offenen Plätze zunächst vom Gröbsten zu säubern.«

Die sieben Säulen der Weisheit, Kapitel 120

Feisal in Damaskus

Gegenüber Damaskus,
Feisals Hauptquartier.
Vom Balkon weht seine
Flagge; Verräter erwar-
tete ein improvisierter
Galgen.

Oben Faisal verlässt das
Hotel Victoria nach seinem
unbefriedigenden Treffen mit
Allenby am 3. Oktober. Mit
Lawrence als Berater wird
er das Anliegen der Araber
vor die europäischen Rats-
versammlungen bringen.

Seine letzte Verbeugung

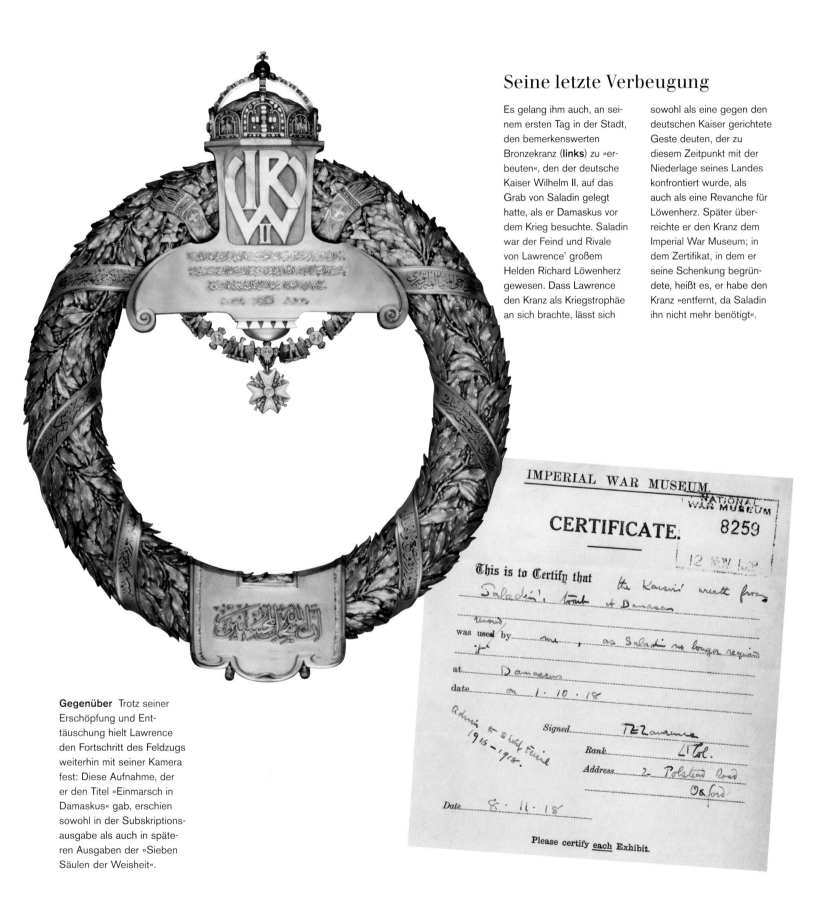

Es gelang ihm auch, an seinem ersten Tag in der Stadt, den bemerkenswerten Bronzekranz (**links**) zu »erbeuten«, den der deutsche Kaiser Wilhelm II. auf das Grab von Saladin gelegt hatte, als er Damaskus vor dem Krieg besuchte. Saladin war der Feind und Rivale von Lawrence' großem Helden Richard Löwenherz gewesen. Dass Lawrence den Kranz als Kriegstrophäe an sich brachte, lässt sich sowohl als eine gegen den deutschen Kaiser gerichtete Geste deuten, der zu diesem Zeitpunkt mit der Niederlage seines Landes konfrontiert wurde, als auch als eine Revanche für Löwenherz. Später überreichte er den Kranz dem Imperial War Museum; in dem Zertifikat, in dem er seine Schenkung begründete, heißt es, er habe den Kranz »entfernt, da Saladin ihn nicht mehr benötigt«.

Gegenüber Trotz seiner Erschöpfung und Enttäuschung hielt Lawrence den Fortschritt des Feldzugs weiterhin mit seiner Kamera fest: Diese Aufnahme, der er den Titel »Einmarsch in Damaskus« gab, erschien sowohl in der Subskriptionsausgabe als auch in späteren Ausgaben der »Sieben Säulen der Weisheit«.

Links Lawrence auf dem Balkon eines Hotels in Damaskus, 2. Oktober 1918, zwei Tage bevor er aufbrach, um seinen Kampf für die Araber mit anderen Mitteln fortzuführen.

Gegenüber Lawrence in Damaskus, 3. Oktober 1918; Porträt von James McBey. Viele Jahre später schilderte McBey, der damals in Tanger, Marokko, lebte, die Situation auf eloquente Weise in dem unten zitierten Brief an Lowell Thomas.

»*Während er Porträt für mich saß, öffnete ein bärtiger Stammesfürst nach dem anderen behutsam die Tür zu dem Raum, in dem ich arbeitete, ging auf Zehenspitzen zu Lawrence und küsste seine rechte Hand, die auf der Stuhllehne lag. Auf den Wangen von einigen von ihnen waren Tränen. Diese mochten Teil eines Abschiedsrituals sein. (Ich habe das hier bei verschiedener Gelegenheit erlebt.) Ich habe es mit eigenen Augen gesehen; Lawrence jedoch zeigte keinerlei Reaktion, sondern blieb auf bewunderungswürdige Weise in seiner Pose.*«

James McBey gegenüber
Lowell Thomas, 9. März 1954

»*Ich nehme an, dass wir die Geschichte im Nahen Osten geändert haben. Ich frage mich, wie die Machthaber mit den Arabern weiter verfahren werden.*«

Lawrence gegenüber einem anderen Offizier, Oktober 1918

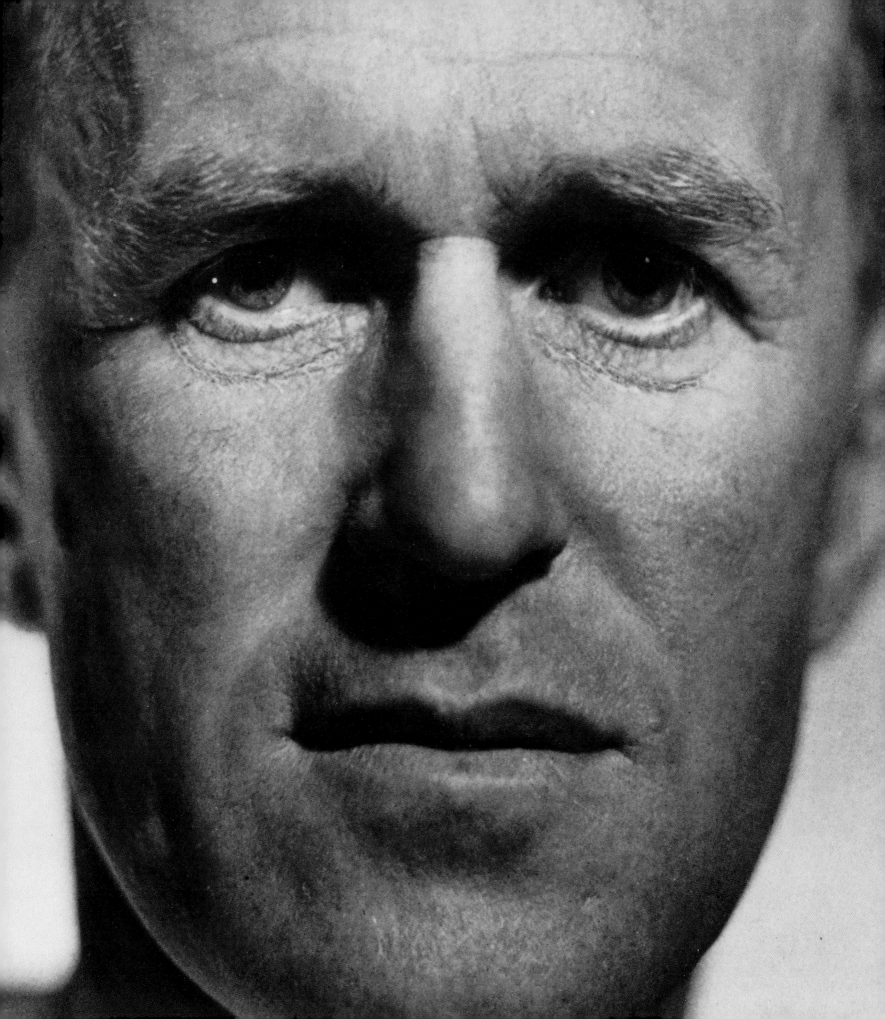

JAHRE IM NIEMANDSLAND

Teil 3

Gegenüber Dieses Studioporträt des bekannten Fotografen Howard Coster ist Teil einer 1931 in London entstandenen Serie.

Der »amüsante Job«, von dem Lawrence noch zwei Jahre zuvor gesprochen hatte, hatte sich als wesentlich schwieriger erwiesen als angenommen. Aber wenigstens gab es während des Krieges eine übergeordnete Aufgabe mit einem klar umrissenen Ziel. Bei seiner Rückkehr nach London hingegen erwarteten Lawrence deutlich größere Probleme, mit denen er allein zurechtkommen musste. Er war nun gezwungen, die politischen Entscheidungszentren der Hauptstadt des britischen Empires aufzusuchen und seine Schlachten am Verhandlungstisch anstatt auf dem Feld auszufechten. Die Feinde, die er nun überlisten musste, waren Zivilisten, keine Militärs, und taten überdies so, als stünden sie auf seiner Seite. Am 21. Oktober erschien er vor dem »Eastern Committee« des Kriegskabinetts, dessen Vorsitzender Lord Curzon war, der illustre ehemalige Vizekönig Indiens. Lawrence erfuhr rasch, dass er in den höheren Kreisen Londons kein Unbekannter war. Curzon erklärte bei der Begrüßung, er und sämtliche Mitglieder der Regierung Seiner Majestät hätten schon seit geraumer Zeit mit Interesse und Bewunderung die großartige Arbeit verfolgt, die Lawrence in Arabien geleistet habe, und seien stolz, dass er so viel für den erfolgreichen Feldzug der britischen und der arabischen Truppen getan habe. Als er sein Anliegen

Links Lawrence und Feisal an Bord des Schlachtschiffs HMS »Orion« während eines Höflichkeitsbesuchs in Schottland im Dezember 1918. Der Besuch gab Feisal Gelegenheit, der Royal Navy für ihre Unterstützung während des arabischen Feldzugs zu danken.

darlegte, nahm Lawrence kein Blatt vor den Mund. Er wollte, dass die Führer der arabischen Erhebung, also Feisal, Abdullah und ihr jüngerer Bruder Zeid, der eine herausragende, wenn auch etwas eigenwillige Rolle im Feldzug von 1918 gespielt hatte, ein eigenes Herrschaftsgebiet im Nahen Osten erhielten. Die großen Politiker hörten, was er zu sagen hatte – und waren verblüfft. Seine Pläne, die er bei diesem sowie einem weiteren Treffen einige Tage später erläuterte, wurden als »extrem arabische Sichtweise« zu Protokoll genommen. Dieser ebenso diplomatische wie kühle Kommentar machte deutlich, wie gering die Aussichten auf Verwirklichung dieses Projekts waren.

Auch der Zeitpunkt seines Einsatzes für die arabische Seite hätte kaum ungünstiger gewesen sein können, galt doch die ganze Aufmerksamkeit der Nation der Aussicht auf einen baldigen Sieg in Europa. Vor allem die Hoffnung auf ein Ende des Krieges an der Westfront, der so viel Leid und Tod verursacht hatte, verdrängte alle anderen Themen. Dennoch setzte Lawrence seine Bemühungen fort. Dies zeigt ein dreiseitiges Dokument mit dem Titel »Der Wiederaufbau Arabiens«, in dem Lawrence den Mut der Herrscherfamilie von Mekka lobte, das Anliegen der Alliierten zu ihrem eigenen gemacht zu haben; er betonte besonders »die moralische Zerreißprobe, die es für die älteste, heiligste und mächtigste Familie der Araber bedeutet haben muss, sich von den lebenslangen Freunden und Bündnispartnern loszusagen und sich um der Freiheit ihrer Nation willen den Anfeindungen Indiens, der Türkei, Afghanistans und Ägyptens auszusetzen – vor allem, wenn man bedenkt, dass dies ein Volk ist, das dem Glauben und den Familienbanden wesentlich größere Bedeutung beimisst als andere«. Er drängte darauf, von den Plänen für eine Aufteilung des Gebietes zwischen Großbritannien und Frankreich abzusehen, da sie »aufgrund ihrer geografischen Unsinnigkeit vor Gericht nur Gelächter ernten würden«. Sollten die Pläne aber nicht völlig verworfen werden, schrieb er in einem letzten prägnanten Satz, dann »hoffe ich, dass wir die Araber zumindest offiziell als Kriegsteilnehmer anerkennen und sie an allen Entscheidungen teilhaben lassen, die das von ihnen eroberte Gebiet betreffen«.

So entstand jene Doktrin, für deren Umsetzung er sich während der nächsten drei Jahre unermüdlich einsetzen sollte. Dabei konnte er einige Erfolge verbuchen. Man stimmte offiziell zu, Feisal als Delegierten zu der bevorstehenden Friedenskonferenz einzuladen, die im Januar 1919

Links Feisal, in der Mitte, mit Lawrence, rechts hinter ihm, während der Pariser Friedenskonferenz, aufgenommen am 22. Januar 1919. Ebenfalls auf diesem Foto abgebildet sind, von links nach rechts: Feisals persönlicher Sekretär; Nuri Said (der spätere Premierminister des Irak); Capitaine Pisani, Kommandeur des französischen Artilleriekommandos in Feisals Armee; Hauptmann Hassan Kadri; im Hintergrund Feisals Sklave.

in Paris stattfand. Zustimmung fand auch der Vorschlag, Lawrence solle Feisal als Sonderberater begleiten. Endlich wurde der arabischen Stimme Gehör geschenkt. Dabei fielen die beiden Männer deutlich aus dem Rahmen: Feisal trat in seinen kostbarsten orientalischen Gewändern auf und Lawrence trug die Uniform eines Obersten sowie einen arabischen Kopfputz. »Ich habe nicht nur mit zehn amerikanischen Journalisten gesprochen und allen Interviews gegeben«, schrieb Lawrence nach Hause, »sondern auch mit Präsident Wilson und anderen einflussreichen Persönlichkeiten.« Feisal und Lawrence hinterließen einen starken Eindruck, als sie am 6. Februar die Gelegenheit erhielten, ihr Anliegen vor dem obersten »Zehnerrat« der Konferenz vorzutragen; Lawrence erwies sich als glänzender Dolmetscher Feisals, als man ihn bat, dessen Botschaft für die Delegierten, die über unzureichende Englischkenntnisse verfügten, noch einmal auf Französisch zu wiederholen. Als er geendet hatte, brachen die Ratsmitglieder in spontanen Beifall aus. Es war ein bemerkenswerter Augenblick, der die Politiker der wichtigsten Teilnehmerstaaten jedoch nicht nennenswert beeinflussen sollte. Für Lawrence, der hier nicht nur in eigener Sache sprach, sondern im Namen aller, die die Hauptlast des über vier Jahre währenden Krieges getragen hatten und nun mit ansehen mussten, wie die Staatsmänner die Bühne übernahmen, war dieses Erlebnis symptomatisch dafür, wie die Entscheidungen der Nachkriegszeit getroffen wurden. Er schrieb in der Einleitung seiner Autobiografie:

Wir durchlebten in diesen turbulenten Feldzügen viele Leben und haben uns dabei nie geschont; doch als wir es geschafft hatten und die neue Welt heraufdämmerte, kamen die alten Männer wieder hervor und nahmen uns unseren Sieg, um die Welt wieder so zu gestalten, wie sie sie kannten. Die Jugend konnte gewinnen, doch sie hatte noch nicht gelernt, das Gewonnene festzuhalten; und sie erwies sich gegenüber dem Alter als erbärmlich schwach. Wir stammelten, wir hätten für einen neuen Himmel und eine neue Erde gekämpft, und sie bedankten sich freundlich und machten ihren Frieden.

Kurz darauf kehrte er zu seiner Familie zurück, der ein weiterer Todesfall bevorstand. Im April 1919 fiel Lawrence' Vater plötzlich der damals weltweit grassierenden Grippeepidemie zum Opfer. Sehr wahrscheinlich wurde Lawrence genau zu dieser Zeit mit einem Brief seines Vaters

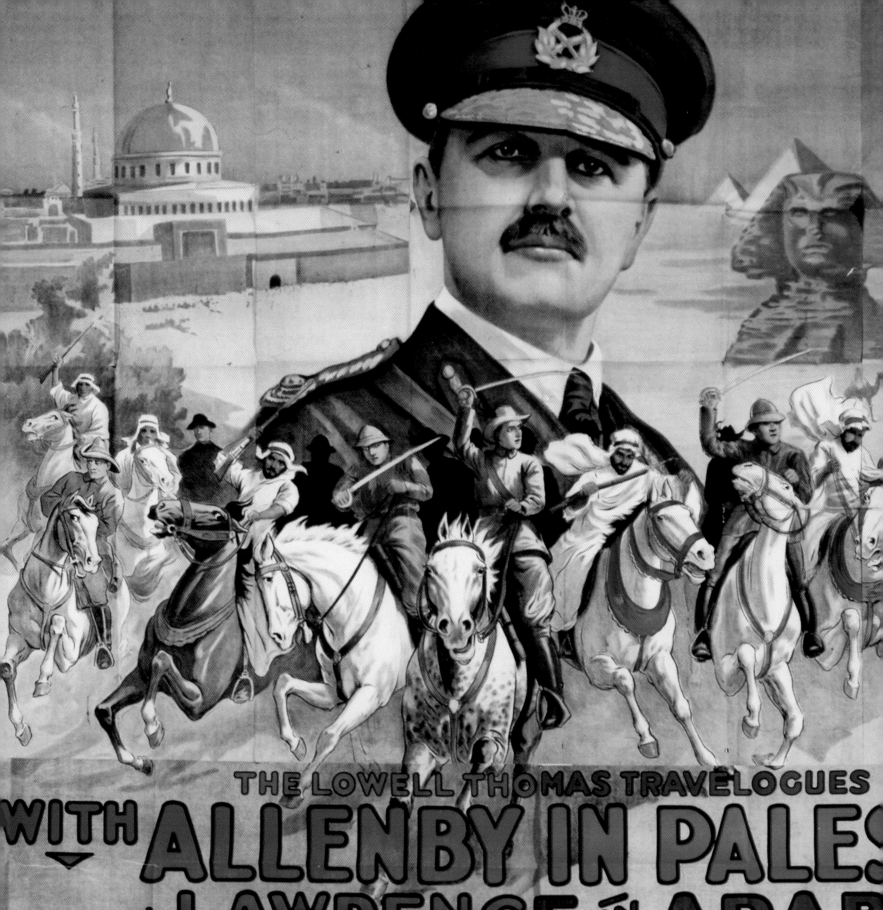

THE LOWELL THOMAS TRAVELOGUES
WITH ALLENBY IN PALES
and LAWRENCE IN ARAB
UNDER DIRECTION OF DALE CARNAGE
"ON NO STAGE HAS BEEN PRESENTED ANYTHING MORE FASCINATING" LONDON MORNIN

*»Ein bemerkenswerter Filmvortrag, der die merkwürdige
Geschichte von Oberst Thomas Lawrence, dem Führer
der arabischen Armee erzählt. Eine große Zahl bekannter
Persönlichkeiten versammelte sich am Abend der Premiere,
um Lowell Thomas' Filmvortrag über den Feldzug in
Palästina zu erleben.«*

*Aus einem Bericht in »The Spere« über den Eröffnungsvortrag
im Royal Opera House, Covent Garden, 1919*

konfrontiert, der ihn über den Familienhintergrund aufklärte. Während
ihrer gesamten Kindheit hatten Lawrence und seine Brüder ihre Familie
für glücklich gehalten, doch nun warf der folgende Abschnitt des Briefs
einen Schatten auf diese Erinnerung: »Mehr kann ich nicht sagen, außer
dass es nie ein wahreres Wort gegeben hat als ›Die Wege der Sünder
sind beschwerlich‹. Lass dir die schrecklichen Ängste und traurigen Gedanken, mit denen deine Mutter und ich nun seit über dreißig Jahren
umgehen müssen, eine Warnung sein.«

Aber es gab noch andere Dinge, die Lawrence belasteten. Bereits in
Paris hatte er mit der Aufzeichnung seiner Kriegserfahrungen begon-
nen, doch von nun an arbeitete er wie besessen an diesem Projekt.
Das All Souls College in Oxford bot ihm ein Stipendium an, damit er
sich ohne finanzielle Sorgen seiner Aufgabe widmen konnte, doch er
schreckte davor zurück, Teil irgendeines Establishments zu werden.
Und so zog er sich lieber in eine Dachkammer im Londoner Stadtteil
Westminster zurück, die ihm sein Freund, der Architekt Sir Herbert
Baker, vermietete. Einem Druck anderer Art sah er sich im Sommer

Links Plakat für die ersten
»Lowell Thomas Travelogues«,
New York, 1919; diese Reise-
berichte wurden später auch
in Großbritannien präsentiert
und entwickelten sich zu
einer internationalen Sen-
sation. Mittelpunkt der Berichte war ursprünglich
Allenby, während Lawrence
nur eine Nebenrolle spielte;
da das Publikum sich
jedoch mehr für Lawrence
interessierte, verschob sich
das Gewicht bald. Danach
war es nur noch ein kleiner
Schritt von »Lawrence *in*«
zu »Lawrence *von* Arabien«.

Oben Lawrence mit Lowell
Thomas in Arabien, 1918.
Ursprünglich handelte es
sich um eine Schwarz-Weiß-
Aufnahme, die für Lowell
Thomas' Vortragsveranstal-
tung nachkoloriert wurde.
Sie stammt von Harry
Chase, Thomas' Fotograf
und Kameramann.

1919 ausgesetzt, als Lowell Thomas, der amerikanische Journalist, den
er erst in Jerusalem und dann in der Wüste getroffen hatte, London mit
»einem bemerkenswerten Filmvortrag« überraschte, »der die merkwürdige Geschichte von Oberst Thomas Lawrence, dem Führer der arabischen Armee, erzählt«, wie es in einem damaligen Bericht heißt. Thomas'
Vortrag, der mit seinen Film-, Musik- und Tanzelementen eher einer
Unterhaltungsshow glich, war ursprünglich als Hommage an General
Allenby gedacht, konzentrierte sich aber schon bald auf den sehr viel
verwegeneren Lawrence. Nachdem der Film zunächst im Covent Garden gezeigt worden war, verlegte man die Vorführung schließlich in die

Rechts Lowell Thomas, ebenfalls aufgenommen von Harry Chase.

Unten Eine Seite aus einem seiner Drehbücher, auf der er Lawrence in die Riege der großen Persönlichkeiten des britischen Empires einreihte und eine jener Anekdoten hinzufügte, mit denen er sein Publikum bei Laune hielt.

14.

The Turks and Germans offered rewards of ovr £50,000 on the head
of this young archeologist

SLIDE 224   dead or alive! But the Arabs wouldn't have given him up for over
£500,000 because they realised that their chance of throwing off the
Turkish yoke depended to a grat extent upon the ability of this modest

SLIDE 225.   youth. Notice the difference between the way Lawrence is squatting
ahd the way his companion is seated. He became so accustomed to living
in the desert with the Arabs that he actually preferred to squat down as
they do instead of sitting in a chair.

SLIDE 226.   And I believe that this young man who built up the Arabian army and
liberated Holy Arabia will go down in history
alongside of such picturesque figures as Francis Drake, Clive,

SLIDE 227.   "Chinese" Gordon and Kitchener of Khartoum.

SLIDE 228.   The Germans sent many airplanes down to Arabia in an attempt to
frighten Lawrence's army. But instead of their having that effect they
simply caused the Arabs to insist on Lawrence getting airplanes for them.

SLIDE 229.   One day the King of the Hedjaz sent Lawrence a message which read -
"Oh, faithful one, thy country hast airplanes as the locusts. Please
send us a dozen."

SLIDE 230.   This is one of the machines that he brought down from Egypt for them.
One day the Arabs shot down a German plane with their rifles, and when it
landed in the desert they ran out and clipped off its wings so that it
wouldn't fly away!

Eine Auswahl von Lowell Thomas' hochdramatischen Bildern:

Oben links Kamelzug in der Wüste. Lowell Thomas auf dem Kamel im Vordergrund.

Oben rechts Ein Sandsturm.

Links Sonnenuntergang über der Wüste.

Gegenüber Der Mann, den Thomas als einen »ungekrönten König« der Wüste pries: siehe übernächste Seite.

$250,000 REWARD! DEAD OR ALIVE!
For the Capture of this Mystery Man of the East.

THE MOST AMAZING REVELATION OF A PERSONALITY
SINCE STANLEY FOUND LIVINGSTONE

(Reprinted from "Asia Magazine" — New York)

"Only once in a lifetime does a man — even a world traveler of broad adventure — meet with such experiences as Lowell Thomas encountered in Palestine and Arabia. For only once in a lifetime are the supernatural qualities of mankind brought out as they were in T. E. Lawrence, a mere youth of twenty-six, who became the uncrowned King of the Arabs as he led them against the Turks.

"The Story of Lawrence as revealed by Lowell Thomas is the most amazing revelation of a personality in the Great War. Here was a mere youngster, a reticent scholar of archaeology, with the love of liberty of his Irish ancestry, whose choice was to hide himself off alone in the deserts of Arabia exploring ruins. Suddenly he heard the call of war, entered the British army and disappeared into the desert again. Without a day of military training, even defying military rule, he was next heard of as the confidential adviser of the strong-willed King of the Hejaz, the organizer and leader of his Arab armies, followed implicitly by the Arabs as the bearer of a charmed life and of more than human wisdom.

"Only one person — an American who was associated with him in the Arabian desert — has been able to give us the full story of Lawrence's achievements. As related by Lowell Thomas it is a tale of wild adventure — colorful as the Arabian Nights, poetic as the Rubaiyat. It is not a story of war and slaughter but of a human being endowed with God-given powers. Indeed another Robert Clive has come — another Chinese Gordon — another Cortez."

MR. LLOYD GEORGE says:

"Everything that Mr. Lowell Thomas tells us about Colonel Lawrence is true. In my opinion, Lawrence is one of the most remarkable and romantic figures of modern times."

Links Eine typische Lowell-Thomas-Zeitungsannonce.

Gegenüber Eine stark nachkolorierte Version eines häufig reproduzierten Lawrence-Bildes, mit einem Brief an seinen zukünftigen amerikanischen Verleger, in dem er seine »Verklärung« kommentiert.

Thomas war kein naiver Bewunderer von Lawrence, sondern erkannte dessen zwiespältige Einstellung zum Ruhm. Er beschrieb ihn in einer ebenso scharfsinnigen wie denkwürdigen Formulierung als jemanden, der »ins Rampenlicht zurück-weicht«.

»Wissen Sie, ein gewisser Lowell Thomas hat mich zu einer Art Matineen-Idol gemacht; daher habe ich, was London betrifft, meinen Namen abgelegt und lebe friedlich in der Anonymität. Nur die meinigen in Oxford kennen meine Anschrift. Es ist nicht so, als würde ich es hassen, bekannt zu sein – ich liebe es –, aber ich kann es mir nicht leisten. Niemand wird so sehr zum Opfer wohlmeinender Leute wie ein armer Prominenter.«

*Brief an F. N. Doubleday,
20. März 1920*

Royal Albert Hall. So erblickte »Lawrence von Arabien« das Licht der Welt, und obwohl der Ruhm auch angenehme Seiten hatte, verschaffte er ihm die Prominenz eines Filmstars, die er später mit »einer Büchse« vergleichen sollte, »die man einer Katze an den Schwanz gebunden hat«.

Er hatte schon geglaubt, mit dem Thema »Naher Osten« abgeschlossen zu haben, als Winston Churchill nach seiner Ernennung zum Kolonialminister im Jahre 1921 beschloss, den unbefriedigenden Vertrag, dem die Konferenzteilnehmer in Paris zugestimmt hatten, einer Revision zu unterziehen. Er lud Lawrence ein, ihm dabei zu assistieren, und diesem blieb gar nichts anderes übrig, als Churchills Bitte Folge zu leisten. So kehrte er an die Orte zurück, für die er während des Krieges gekämpft hatte. Aus den anschließenden Verhandlungen ging Abdullah als Emir des ostpalästinensischen Gebiets Transjordanien hervor, während Feisal (der sich selbst zum König von Syrien ernannt hatte, doch von den Franzosen abgesetzt worden war) mit dem Thron von Mesopo-

Unten links und **rechts**
Der Anfang von »Unter dem
Prägestock« in einer maschi-
nengeschriebenen Fassung
sowie als Erstdruck von 1955.

Unten Lawrence' Schreibmaschine.

1 : RECRUITING OFFICE

GOD, this is awful. Hesitating for two hours up and down a filthy street, lips and hands and knees tremulously out of control, my heart pounding in fear of that little door through which I must go to join up. Try sitting a moment in the churchyard? That's caused it. The nearest lavatory, now. Oh yes, of course, under the church. What was Baker's story about the cornice?

A penny; which leaves me fifteen. Buck up, old seat-wiper: I can't tip you and I'm urgent. Won by a short head. My right shoe is burst along the welt and my trousers are growing fringes. One reason that taught me I wasn't a man of action was this routine melting of the bowels before a crisis. However, now we end it. I'm going straight up and in.

★

All smooth so far. They are gentle-spoken to us, almost sorry. Won't you walk into my parlour? Wait upstairs for medical exam? 'Righto!' This sodden pyramid of clothes upon the floor is sign of a dirtier man than me in front. My go next? Everything off? (Naked we come into the R.A.F.). Ross? 'Yes, that's me.'

Officers, two of them....
'D'you smoke?'
Not much, Sir.
'Well, cut it out. See?'
Six months back, it was, my last cigarette. However, no use giving myself away.
'Nerves like a rabbit.' The scotch-voiced doctor's hard fingers go hammer, hammer, hammer over the loud box of my ribs. I must be pretty hollow.

13

tamien entschädigt wurde, das von nun an als Irak bezeichnet wurde. Obwohl Lawrence bei seiner Heimkehr erklärte, er habe Arabien mit sauberen Händen verlassen, blieb ein Hauch von Zweifel.

Im August 1922 überraschte er Freunde wie Kritiker, als er auf der niedrigsten Rangstufe und unter einem Pseudonym in die Luftwaffe eintrat. Später machte er die Erfahrungen des im Grunde zu alten Fliegers John Hume Ross auf dem Übungsgelände der Royal Air Force in Uxbridge zum Thema seines zweiten Buches »Unter dem Prägestock«. Dieses gibt die derbe Sprache des Exerzierplatzes und des Kasernenlebens so unverfälscht wieder, dass es erst in den 1970er Jahren in einer ungekürzten Fassung erscheinen konnte. Es war der Dramatiker George

Rechts Lawrence als
Royal-Air-Force-Flieger John
Hume Ross, 1922–23,
Ölgemälde von William
Roberts.

Links Militärlager Bovington, Dorset, wo Lawrence von März 1923 bis August 1925 stationiert war.

Gegenüber Lawrence im offenbar geborgten Waffenrock eines Bombenschützen. Unbekannter Fotograf, um 1924.

»Und warum ich Soldat wurde? In erster Linie wegen der Sicherheit: sieben Jahre Existenz garantiert. Ich eigne mich nicht mehr dafür, um meinen Lebensunterhalt zu kämpfen. Ich habe mit der ›Lawrence‹-Episode völlig abgeschlossen. Mir gefällt nicht, was Gerüchte aus ihm machen – das ist nicht der Mann, der ich sein möchte! Und die Politik hat mich völlig erschöpft, weil sie mir allzu große Sorgen bereitet. Mein Naturell ist nicht grobfaserig genug dafür; und ich habe zu viele Skrupel und ein schlechtes Gewissen. Es ist nicht gut, beide Seiten einer Frage zu sehen, wenn man (von Amts wegen) nur einer folgen darf.

Die Politik tritt von der Bühne ab. ... Damit verschwand ein großer Teil meines Marktwertes. Lawrence tritt von der Bühne ab – und damit ist auch der Rest meiner Erwerbsmöglichkeiten dahin. Einen richtigen Beruf habe ich nicht, und die zwei oder drei Dinge, für die ich ›qualifiziert‹ bin, möchte ich nicht machen; also bleibt mir gar nichts anderes übrig, als wieder Soldat zu werden. Wissen Sie, ich bin fast fünfunddreißig und damit zu alt, um einen Neuanfang in einem Beruf zu machen, für den man eine richtige Ausbildung benötigt.«

Lawrence an D. G. Hogarth, 13. Juni 1923

Bernard Shaw, der Lawrence' scheinbar unsinniges Verhalten am meisten kritisierte. Er bemerkte: »Nelson begann ein bisschen zu spinnen, nachdem man ihm nach der Schlacht am Nil auf den Kopf gehauen hatte; hätte er nach seiner Rückkehr die Ruderpinne eines Schleppkahns übernommen und im Übrigen darauf beharrt, in Ruhe gelassen zu werden, wäre dies für die Marine wesentlich weniger peinlich gewesen.« Shaw empfand die ganze Geschichte als »irrwitzige Maskerade«. Für Lawrence jedoch war es ein notwendiger Akt der Selbsterniedrigung, eine »geistige Ruhepause« für einen Mann, an dem die vielen Jahre, in denen er alles gegeben hatte, nicht spurlos vorübergegangen waren und der außerdem unter der Vorstellung litt, sich schuldig gemacht zu haben.

Die Presse brauchte nicht lange, um Lawrence auf seinem mittlerweile zweiten Posten, der Fotoschule der Royal Air Force in Farnborough, zu entdecken. Das überwältigende Medieninteresse veranlasste ihn, den Dienst in der Luftwaffe innerhalb weniger Tage zu quittieren und sich ein weiteres Pseudonym zuzulegen. Im März 1923 trat er als Thomas Edward Shaw (er behauptete, die Namenswahl habe nichts mit dem Dramatiker zu tun) seinen Dienst als Rekrut im Ausbildungszentrum eines Panzerkorps in Bovington, Dorset, an.

Damit war er auf dem Tiefpunkt seiner Laufbahn angelangt. Die unzähligen Briefe, die er damals vor allem an seinen alten Freund Lionel Curtis aus dem All Souls College schrieb, zeigen, dass er nicht wusste, wie es weitergehen sollte.

Zwei Dinge verhinderten, dass Lawrence in völlige Depression verfiel. Das eine war seine Motorradleidenschaft; er wählte das beste damals verfügbare Modell, die begehrte »Brough Superior«, von der er im Laufe der Jahre nicht weniger als sieben Ausführungen fuhr; das andere war die winzige Hütte in Dorset, in der Nähe des Lagers, die für den Rest seines Lebens sein Schlupfloch und Refugium wurde: Clouds Hill. Die Hütte erwies sich auch als geeigneter Ort, um die Arbeit an seiner Autobiografie, die er als reich illustrierte Subskriptionsausgabe in begrenzter Auflage herausbringen wollte, endlich zu einem Abschluss zu bringen.

Für Lawrence war das Leben im Heer kein Ersatz für die Luftwaffe, der nach wie vor seine eigentliche Sehnsucht galt; dabei schreckte er auch vor Selbstmorddrohungen gegenüber den zuständigen Stellen nicht zurück, sollte man ihn nicht zur Royal Air Force zurückkehren las-

»Ich habe über die anderen Jungs in der Kaserne nachgedacht. Am stärksten fällt mir auf, wie sehr sie sich von den übrigen Mitgliedern der Luftwaffe unterscheiden. Dort erwarteten wir voller Aufregung den bevorstehenden Dienst. Wir haben fast ausschließlich über die Zukunft gesprochen und nachgedacht. Dabei entwickelten wir eine blühende Phantasie, und das war eine ständige Belohnung für uns. Die Jungs waren anständig, aber so sehr von ihrer Hoffnung erfüllt, dass sie völlig aus dem Häuschen gerieten und ich sie nicht mehr nüchtern beurteilen konnte. Die ganze Abteilung knisterte vor Spannung.

Hier ist jeder nur eingetreten, weil er fix und fertig war; und niemand redet von der Armee oder einer Beförderung oder von seinem Beruf und seinen Leistungen. Wir sind alle unvermeidlicherweise hier, an einem letzten Zufluchtsort, und wir setzen das Scheitern dieser Welt im andern voraus, sodass Heuchelei hier nicht nur ausgelacht würde, sondern fast genauso unmöglich wäre wie jede andere menschliche Regung. Wir sind der gesellschaftliche Bodensatz, diejenigen, sie sich nicht für den Wettbewerb des Lebens eignen; und jeder von uns hält die Übrigen für ebenso wertlos wie sich selbst.«

Brief an Lionel Curtis, 27. März 1923

sen. Nachdem er die von ihm so geschätzte Uniform wieder anlegen durfte, wurde er nach Cranwell versetzt, einem Lager, das im Vergleich zu Uxbridge so beschaulich war, dass er dort in fast abgeklärter Stimmung sein Werk »Unter dem Prägestock« vollenden konnte. Hocherfreut über seine Rückkehr zur Luftwaffe, schrieb er die Schlusszeilen: »Überall Beziehungen: keine Einsamkeit mehr.«

Da er Geld brauchte, um Schulden abzubezahlen, kam ihm die Idee, eine kürzere, populärere Version seiner Autobiografie mit dem Titel »Aufstand in der Wüste« zu verfassen. Wegen des großen Interesses, das das Buch hervorrufen würde, gelang es ihm, die Luftwaffe von der Notwendigkeit zu überzeugen, zeitweilig unterzutauchen. Im Dezember 1926 reiste er per Schiff nach Indien, wo er die beiden folgenden Jahre blieb. Dies war nicht nur ein bewusster Rückzug, sondern auch eine bemerkenswert fruchtbare Zeit im Exil. Er änderte seinen Namen durch eine einseitige juristische Erklärung in Thomas Edward Shaw, erwog aber auch eine Weile, den Namen Chapman anzunehmen. Dem Leiter der Bodleian Bibliothek schrieb er anlässlich der Subskriptionsausgabe seiner Autobiografie, die die Bibliothek in Kürze von ihm erhalten sollte, man werde in Zukunft mit der Katalogisierung seines Namens große Schwierigkeiten haben, »da nicht einmal Lawrence der korrekte und verbürgte Name ist, den ich zum Schluss werde wieder annehmen müssen. Ich habe als Lawrence veröffentlicht, als Shaw, als Ross; und ich

Gegenüber Lawrence vor seiner Kaserne in Bovington.

Oben Auszug aus einem der vielen unglücklichen Briefe, die er während seiner beiden Jahre als einfacher Soldat im Panzerkorps schrieb.

Unten Lawrence' erstes veröffentlichtes Buch, eine gekürzte Version der »Sieben Säulen«, die unter einem bewusst populären Titel erschien.

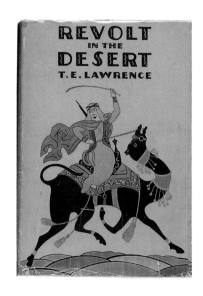

Oben Die Hütte in Clouds Hill. **Unten** Die griechische Inschrift auf dem Türsturz, die sich ungefähr mit »Das ist mir egal« übersetzen lässt, wurde von Lawrence selbst gemeißelt. Er schrieb einmal über die Hütte: »Es bedeutet, dass den Bewohner nichts in Clouds Hill bekümmert ... Nichts, das mich dort verankert.«

»Die Hütte steht für sich in einer Senke des Hochmoors – sehr still, sehr einsam, sehr nüchtern, eine Meile von dem Lager entfernt. Ausgestattet ist sie mit einem Bett, einem Fahrrad, drei Stühlen, hundert Büchern, einem Grammophon und einem Tisch. Viele Fenster, Eichen, Rhododendron- und Lorbeerbüsche, Heidekraut und Dorsetshire im Blick. Ich schlafe hier nicht, sondern komme fast jeden Abend zwischen 16.30 Uhr und 21.00 Uhr her und träume oder schreibe oder lese am Feuer.«

Brief aus Clouds Hill, 1924

Gegenüber Teils Schlupf-
winkel, teils Verlagshaus:
Hier stellte Lawrence mit
Hilfe zahlreicher Künstler
und Druck-Fachleuten
seine aufwändig gestaltete
Subskriptionsausgabe der
»Sieben Säulen der Weis-
heit« zusammen.

»Die sieben Säulen der Weisheit«: die Entwicklung

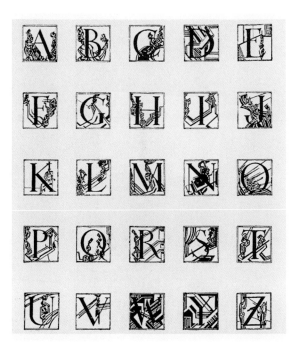

Feeling
the Turks

AS I walked northward towards the fighting, Abdulla met me, on his way to Zeid with news. He had finished his ammunition, lost five men from shell-fire, and had one automatic gun destroyed. Two guns, he thought the Turks had. His idea was to get up Zeid with all his men and fight: so nothing remained for me to add to his message; and there was no subtlety in leaving alone my happy masters to cross and dot their own right decision.

He gave me leisure in which to study the coming battlefield. The tiny plain was about two miles across, bounded by low green ridges, and roughly triangular, with my reserve ridge as base. Through it ran the road to Kerak, dipping into the Hesa valley. The Turks were fighting their way up this road. Abdulla's charge had taken the western or left-hand ridge, which was now our firing-line.

Shells were falling in the plain as I walked across it, with harsh stalks of wormwood stabbing into my wounded feet. The enemy fuzing was too long, so that the shells grazed the ridge and burst away behind. One fell near me, and I learned its calibre from the hot cap. As I went they began to shorten range, and by the time I got to the ridge it was being freely sprinkled with shrapnel. Obviously the Turks had got observation somehow, and looking round I saw them climbing along the eastern side beyond the gap of the Kerak road. They would soon outflank us at our end of the western ridge.

460

Oben Mehrere von Edward
Wadsworth gestaltete
Initialen, die in dem Buch
verwendet wurden.

Rechts Beispielseite aus
dem Buch, die mit Wads-
worth' Initiale A beginnt.
Sie enthält eine Zeichnung
von William Roberts – eine
von vielen Zeichnungen
unterschiedlicher Künstler,
die über das ganze Buch
verteilt sind. Lawrence be-
harrte darauf, dass jede

Seite mit einem vollstän-
digen Satz beginnen und
enden sollte. Er nahm deshalb viele inhaltliche Ände-
rungen vor, doch als der
Text später ohne diese
Vorgaben erschien, machte
sich dieser Eingriff prak-
tisch nicht bemerkbar.

Folgende Seite Das
Widmungsgedicht, mit
dem »Die sieben Säulen
der Weisheit« beginnt.

Für S.A.

Ich liebte dich, so zeichnete ich diese Menschenströme in meine Hände
Und schrieb meinen Willen mit den Sternen auf den Himmel,
Um dir die Freiheit zu erringen, das ehrenwerte Sieben-Säulen-Haus,
Auf dass deine Augen für mich leuchteten,
Als wir kamen.

Der Tod schien mein Diener auf der Straße, bis wir uns näherten
Und dich warten sahen:
Du lächeltest, und in traurigem Neid überholte er mich
Und nahm dich zur Seite:
In seine Stille.

Liebe, des Weges müde, tastete nach deinem Leib, unser kurzer Lohn
Unsrer für einen kurzen Augenblick,
Bevor die weiche Hand der Erde deine Gestalt erkundete, und die blinden
Würmer sich mästeten an
Deiner Substanz.

Man betete für mich, ich möge unser Werk, das unberührte Haus,
Zu deinem Gedenken errichten.
Doch um eines angemessenen Denkmals willen zerstörte ich es, unvollendet;
und jetzt kriechen die kleinen Dinge heraus, um sich Hütten zusammenzuflicken
Im beschädigten Schatten
Deiner Gabe.

Rechts »The Poem to SA«, Holzschnitt von Blair Hughes-Stanton, 1926. Hughes-Stanton steuerte zahlreiche Skizzen zu der Subskriptionsausgabe bei, dieser Holzschnitt wurde allerdings nicht von Lawrence in Auftrag gegeben. Er stellt also eine spontane Reaktion des Künstlers auf dieses außerordentliche Gedicht dar. Dennoch nahm Lawrence es in einige Ausgaben des Buchs auf. Es dürfte zu dem Geheimnis, das dieses Gedicht umgibt (Lawrence' Freund und erster Biograf, der Dichter Robert Graves, half ihm dabei), eher noch beigetragen haben. Ein kurzer Hinweis auf das Gedicht und die mögliche Identität S.A.s findet sich in der Einleitung dieses Buches.

»Ich verbrauche den Tag (und mich selbst) mit Grübeln, Schreiben und Lesen, wobei ich geistig zwanzig verschiedene Straßen gleichzeitig hinabgaloppiere ... Ich schlafe weniger als je zuvor, denn die Stille der Nacht nötigt mich zum Nachdenken; ich frühstücke nur und verweigere jede mögliche Abwechslung und Arbeit. Wenn mein Gemüt zu sehr in Wallung gerät und ich feststelle, dass ich ruhelos herumwandere, dann nehme ich mir mein Motorrad und rase mit Höchstgeschwindigkeit Stunde um Stunde durch diese dafür ungeeigneten Straßen; meine Nerven sind ermattet, ja fast tot, sodass nur die stundenlange Gefahr sie wieder zum Leben erweckt, und das Leben ist die melancholische Freude, etwas zu riskieren, das nicht einen roten Heller wert ist.

Es ist schon merkwürdig, diese Sehnsucht nach echter Gefahr; denn in der Turnhalle hatte ich mehr Bammel davor, über den Bock zu springen, als vor Gift. Das ist etwas Körperliches, deswegen: Ich schäme mich, es zu tun und es nicht zu tun; es nicht tun zu wollen; und am meisten schäme (oder fürchte) ich mich, es gut zu machen.«

Brief an Lionel Curtis, 14. Mai 1923

werde, vermutlich, eines Tages unter dem Namen C. veröffentlichen. Was für ein Leben!«

Zugleich schrieb er unter dem nur für Veröffentlichungen benutzten Pseudonym Colin Dale Buchbesprechungen, die er normalerweise mit dem Kürzel C. D. signierte; zu diesem Namen hatte ihn der Bahnhof Colindale in der Nähe des Royal-Air-Force-Flugfelds Hendon in Nord-London inspiriert. Da er zu dieser Zeit an keinem eigenen Buch arbeitete, nahm er einen Auftrag als Übersetzer für die »Odyssee« an. Von ebenso großer Bedeutung sind die vielen Briefe, die er in diesen beiden Jahren schrieb. Zu den Menschen, mit denen er erstaunlich häufig korrespondierte, gehörten John Buchan, E. M. Forster, Robert Graves, Bernard Shaw und vor allem dessen Frau Charlotte, die bis an sein Lebensende seine engste Vertraute war, Eric Kennington sowie sein Vorgesetzter bei der Royal Air Force, Sir Hugh Trenchard. Auf eine für ihn

Lawrence auf einem
seiner Brough-Superior-
Motorräder.

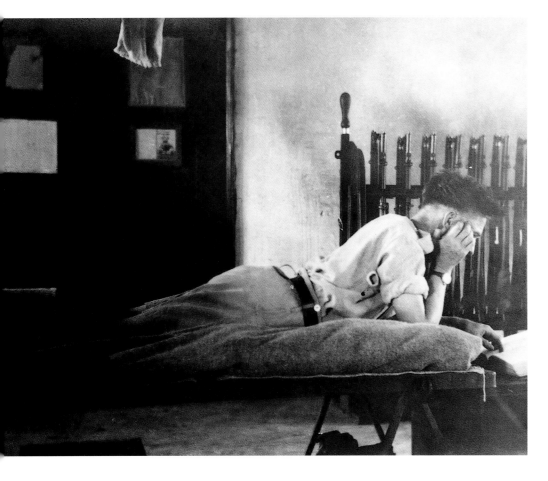

Links Aufnahme von
T. E. Lawrence in der Kaserne im Miranschah Fort, um
1928, die er an Charlotte
Shaw schickte. Auf die Rückseite des Fotos schrieb er
Folgendes:

»Dies ist jetzt mein Königreich: mein Bett. Eine konstitutionelle Monarchie, denn ich darf nichts ändern oder umarrangieren, außer nach einem festgelegten Muster: Das Buch ist ›Ulysses‹ ... der von Joyce. Ich hörte, wie der lachende kleine Mann sich anschickte, einen Schnappschuss von mir zu machen, und wechselte vom linken Ellbogen zum rechten. Ich glaube, ich bin auf diesem Porträt nicht zu erkennen, aber es ist lustig. Der ›Parkzaun‹ hinter meinem Kopf ist ein Gestell mit Gewehren. Unter meinem Buch befindet sich eine Schachtel mit Büchern. Über dem Bett der Rand eines Moskitonetzes. Unter dem Bett sind Stiefel. Ich hoffe, Sie amüsieren sich.«

typische Weise schrieb er auch lange, unbeschwerte Briefe an Sergeant Pugh, seinen ehemaligen Kameraden in Cranwell, in denen er sich stets nach dessen Frau und Tochter erkundigte.

Um jegliche Aufmerksamkeit zu vermeiden, lebte Lawrence zurückgezogen in der Kaserne des Militärstützpunkts in Karatschi, das damals noch zu Indien gehörte. 1928 versetzte man ihn nach Miranschah an der Grenze zu Afghanistan. »Es ist der ruhigste Stützpunkt, auf dem ich je stationiert war«, berichtete er Sergeant Pugh und fügte hinzu: »Der Ort ist so entlegen, dass nur wenige Menschen davon gehört haben.« Während Lawrence aus dem Blickfeld und beinahe auch aus dem Bewusstsein der Öffentlichkeit verschwunden war, wurde »Aufstand in der Wüste« erwartungsgemäß zu einem Bestseller.

Mittlerweile war publik geworden, dass Lawrence sich unter einem Pseudonym in Miranschah aufhielt, und als es kurz darauf zu einem Aufstand in Afghanistan kam, konnte kein Journalist diese Tatsache igno-

Gegenüber Lawrence kam
in seinen Briefen nur selten
auf seine Kriegsjahre in
Arabien zurück, doch dieser
Brief, den er aus Indien an
Oberstleutnant F. G. Peake
schrieb (dieser hatte mit
ihm im Wüstenkrieg gedient
und war nun Kommandeur
der Arabischen Legion in
Transjordanien), ist eine er-
wähnenswerte Ausnahme.
Man beachte den nostal-
gischen Verweis auf »jenes
köstliche Land« und sein
Eingeständnis, dass es ihn
häufig »nach einem Blick
auf die Berge gelüste.
Und nach Rum. Wenn doch
nur ...«

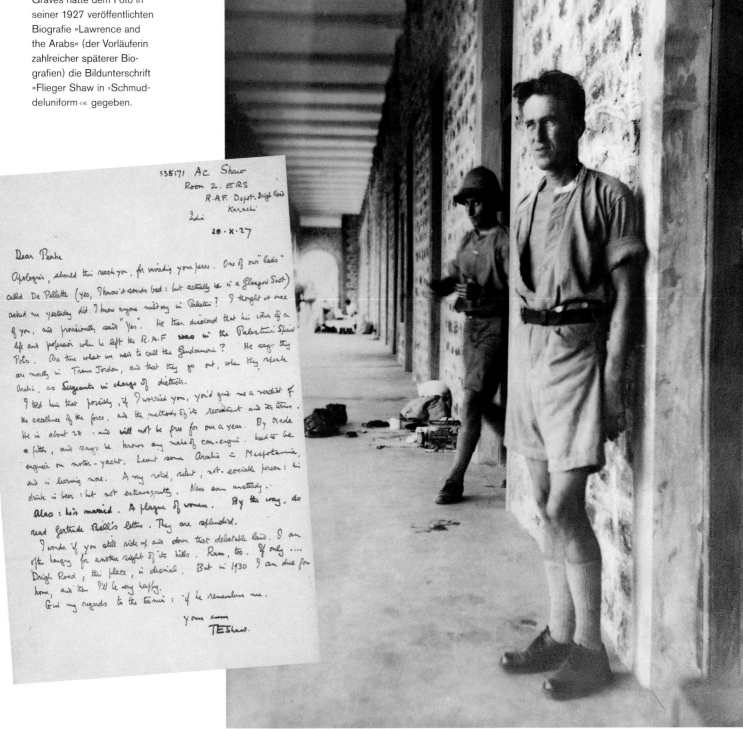

Rechts Lawrence in Indien bei der Royal Air Force in Karatschi, 1927; Robert Graves hatte dem Foto in seiner 1927 veröffentlichten Biografie »Lawrence and the Arabs« (der Vorläuferin zahlreicher späterer Biografien) die Bildunterschrift »Flieger Shaw in ›Schmuddeluniform‹« gegeben.

Links Lawrence auf dem
Flugfeld der Royal Air Force
in Miranschah; die Aufnahme
stammt aus einer Serie von
Fotografien des Fliegerhaupt-
manns Smetham, dem Kom-
mandeur eines Geschwaders,
der dort während Lawrence'
Aufenthalt stationiert war. Die
Aufnahme lässt sich genau
auf den 10. Dezember 1928
datieren.

Oben Die Aufnahme soll
Lawrence auf der SS »Raj-
putana« auf der Rückreise
von Indien zeigen; er reiste in
zivil, um die Aufmerksamkeit
der Presse nicht auf sich zu
ziehen.

rieren. Die reißerische Schlagzeile, der »Erzspion der Welt«, wie ihn die Boulevardpresse nannte, bereite gerade wieder eine seiner Gaunereien vor, nötigte die Royal Air Force, den prominenten Soldaten erneut zu versetzen. Man bot ihm Aden, Somaliland oder England zur Auswahl an. Lawrence entschied sich für England. Als die SS »Rajputana«, auf der er die Heimreise antrat, in den Plymouth Sund einlief, warteten bereits Scharen von Journalisten, sodass er in einer Pinasse der Marine von Bord gebracht wurde.

Wenngleich er psychisch und physisch mitgenommen war, brach nun eine der glücklichsten Phasen seines Lebens an. Oberstleutnant Sydney Smith, den Lawrence seit seiner Tätigkeit für das Kolonialministerium kannte, hatte in Plymouth erfolgreich dessen »Flucht« organisiert. Smith war inzwischen Kommandeur des nahe gelegenen Stützpunktes des Royal-Air-Force-Marinegeschwaders Cattewater. Dorthin wurde

Oben Lawrence verlässt, Anfang Februar 1929, in Plymouth die SS »Rajputana«. Da zahllose Journalisten auf gemieteten Booten versuchten, in die Nähe des Dampfers zu gelangen, beschloss man, Lawrence über eine Strickleiter auf der dem Meer zugewandten Seite vom Schiff zu bringen. Da die Leiter jedoch am Lukendeckel hängen blieb, hatten ihn die Fotoapparate und Wochenschaukameras längst erfasst, als er endlich an Bord der wartenden Pinasse ging.

Lawrence nun versetzt. Smith führte ein lockeres Regiment; seine elegante und attraktive Frau Clare, seine Tochter Maureen und ihre beiden Hunde waren ebenso Teil der Gemeinschaft wie die Männer. Tatsächlich erinnerte das Ganze weniger an eine militärische Einrichtung als an eine große Familie, in der Lawrence schon bald zum Liebling aller wurde. Sydney Smith bewunderte ihn und behandelte ihn dementsprechend. Und Clare verliebte sich in ihn, eine Zuneigung, die unter anderem durch ihr gemeinsames Interesse für klassische Musik begünstigt wurde. Schon bald unternahm der Neuankömmling mit Clare regelmäßige Bootsausflüge, die aber entgegen anders lautenden Vermutungen lediglich mit einigen harmlosen Picknicks verbunden waren. Die Beziehung war eine unschuldige Angelegenheit: Lawrence hatte nie viele Freundinnen gehabt, und es dauerte lange, bis er den Charakter von Clares Zuneigung begriff. Unabhängig davon wäre es ihm nie in den Sinn gekommen, eine Affäre mit der Frau eines Kommandeurs anzufangen. Später gestand er Lady Astor, einer weiteren Freundin, »Frau Smith ... will etwas von mir, das ich ihr nicht geben möchte, und dafür sollte sie Verständnis haben.« Dann fügte er noch hinzu: »Es gibt eben, dem Himmel sei Dank, Unberührbare, trotz der Ghandis dieser Welt. Oder schreibt er sich Gandhi? ...« Clare Smith verfasste später die liebevolle Elegie »The Golden Reign«, in der sie der gemeinsamen Jahre gedachte. Es ist bezeichnend für Lawrence' Unschuld und Eloquenz, dass dieser Titel von ihm stammt und nicht von ihr.

»Nachdem ich mich als Revolutionär und Politiker ausprobiert habe, ist es mir jetzt sehr angenehm, dass ich mich als Mechaniker nützlich gemacht habe.«

*Lawrence an Lord Lloyd,
einen anderen am arabischen Aufstand
beteiligten Offizier, 26. September 1934*

Rechts Auch wenn er sich von seiner früheren Identität als »Oberst Lawrence« distanzierte, war er weiterhin bereit, mit Journalisten über seine Erfahrungen im Krieg und vor allem seinen Umgang mit den Arabern zu sprechen. Einem seiner amerikanischen Bewunderer ließ er über den PR-Offizier der Royal Air Force, C. P. Robertson, Folgendes ausrichten:

»Was die Araber betrifft, sagen Sie Ihrem Sportsfreund, dass er nicht auf der Höhe der Zeit ist. Das war vor zehn oder zwölf Jahren und ich habe alles vergessen. Ich glaube, man geht mit Arabern genauso um wie mit Engländern oder Lappländern oder Tschechoslowaken; erst vorsichtig und immer freundlich.«

Die Vorzüge des neuen Postens beschränkten sich nicht nur auf soziale Aspekte. Endlich hatte er wieder eine Beschäftigung, die ihn begeisterte und herausforderte. Smith bezog ihn 1929 in die Vorbereitungen für das Rennen um den Schneider Cup ein; später arbeiteten beide intensiv an der Entwicklung schnellerer Lebensrettungsboote, nachdem es zu einem Unfall im Plymouth Sund gekommen war, bei dem sich die vorhandenen Boote als unzureichend für die Suche nach Überlebenden erwiesen hatten. Herbert Read schrieb 1928 in einer beeindruckenden Rezension des Buchs »Die sieben Säulen der Weisheit« hellsichtig, Lawrence sei ein »Mann, der eine schwere Bürde trägt«. Sicherlich half ihm die Arbeit an den Schnellbooten dabei, diese Bürde erträglicher zu machen. Der Lawrence im schmuddeligen Overall und mit ölverschmierten Händen war das beste »Gegengift« zu der attraktiven Gestalt

Oben Daheim in England konnte er seinen »Stützpunkt« in Clouds Hill allmählich nach seinen Vorstellungen ausbauen.

»*Meine Hütte ist fertig, innen und außen, soweit fremde Hände sie eben fertig stellen können – und ich fühle mich jetzt verwurzelt, wann immer ich durch die Türe gehe. Solch ein reizender kleiner Ort, und so schlicht. Er ist raffiniert, bequem, nüchtern und friedlich; und billig im Unterhalt.*«

Brief an Frau Charlotte Shaw, Mai 1934

Links Der obere Raum in Clouds Hill, der in Lawrence' letzten Lebensjahren von einem hochmodernen Ginn-Grammophon dominiert wurde. Lawrence erwarb eine umfangreiche Sammlung klassischer Schallplattenaufnahmen; außerdem war er, soweit es seine Zeit zuließ, ein eifriger Besucher der Promenadenkonzerte der BBC in London.

Rechts Der untere Raum, teils Schlafzimmer, teils beachtlich gut bestückte Bibliothek.

Unten Sein früheres Grafonola-Grammophon, um 1928.

»Lieber Sir Edward,

ich schreibe Ihnen aus meiner Hütte; wir haben gerade Ihre Zweite Symphonie angehört. Wir drei, ein Matrose, ein Panzerkorps-Soldat und ich. Es sind also alle Waffengattungen vertreten: Wir waren uns einig, dass wir Ihnen schreiben und Ihnen mitteilen müssen (wenn es Ihnen gut genug geht, um sie damit belästigen zu dürfen), dass diese Symphonie uns mehr unter die Haut geht als irgendetwas sonst in der Plattensammlung hier in Clouds Hill. Wir haben auch das Violinkonzert, und das will etwas heißen. Im Allgemeinen spielen wir die Symphonie zum Schluss, etwa in der Mitte der Nacht, da danach nichts mehr so gut abschneidet. Es scheint, als sei man an einem Schlusspunkt angelangt.

Sie würden über meine Hütte lachen, die aus einem Zimmer oben (Grammophon und Schallplatten) und einem Zimmer unten (Bücher) besteht; aber es gibt auch ein Bad, und wir schlafen, wo wir gerade wollen. So passt es mir. Es ist ein Ein-Mann-Haus, glaube ich.«

Brief an Sir Edward Elgar, 22. Dezember 1933;
Elgar starb am 23. Februar 1934 an Krebs.

Links Lawrence mit George
Brough, dem Erfinder des
Brough-Superior-Motorrads.
Seine persönliche Lieblings-
bezeichnung für seine
Broughs (er besaß sieben
Stück von ihnen) war
»Boanerges«, im Neuen
Testament der Spitzname
für die Jünger Jakob und
Johannes. Er bedeutet
»Söhne des Donners«.

Ganz oben Ein kleiner scheuer Mann im Overall: ein deutlicher Kontrast zu dem Bild, das die Öffentlichkeit von Lawrence hatte.

Oben Lawrence auf einem Foto mit Charlotte Shaw, der Frau des Dramatikers Bernard Shaw, seiner konstantesten und innigsten Briefpartnerin während seiner letzten Lebensjahre.

in arabischer Tracht, an deren Händen Schuld klebte. Arnold Lawrence erklärte einmal zur großen Überraschung vieler Menschen, dass sich sein Bruder selbst in der schwierigen Zeit nach seiner Rückkehr aus dem Osten seinen Humor bewahrt hatte. Nachdem er die neuen Schnellboote im Solent ausprobiert und sie nach Yorkshire überführt hatte, konnte Lawrence in einem Brief an einen neuen literarischen Freund schreiben: »Ich habe jetzt Schwimmhäute zwischen den Zehen und quake zwischen den Mahlzeiten.« Zu einem befreundeten Künstler sagte er, wenn er von der Arbeit komme, wolle er lieber das »Happy Magazine« als Platon lesen, zumal es dort nicht allzu viele Bücher gab. »Ich gehe daher einen Kompromiss ein, indem ich keins von beiden lese und so der bessere Mechaniker bin.« Eine weitere denkwürdige Aussage aus jener Zeit stammt aus einem Brief an seinen ehemaligen Kriegskameraden Lord Lloyd: »Nachdem ich mich als Revolutionär und Politiker ausprobiert habe, ist es mir jetzt sehr angenehm, dass ich mich als Mechaniker nützlich gemacht habe.«

Die Vergangenheitsform des letzten Satzes ist interessant. Der Brief stammt vom September 1934, als Lawrence' Abschied von der Royal Air Force immer näher rückte. Am 3. Januar 1935 schrieb er einem Freund in Cambridge von seinem letzten Stützpunkt in Bridlington: »Die Festigkeit und Routine der Royal Air Force waren die Anker, an denen ich im Leben und in der Welt vertäut war. Ich wünsche mir, diese Taue wären nicht gekappt worden.«

Am 26. Februar 1935 radelte er in ziviler Kleidung von Bridlington nach Süden. Eigentlich wollte er auf direktem Weg nach Clouds Hill fahren, doch die ständigen Übergriffe auf seine Privatsphäre verhinderten dies. Um Hilfe zu bekommen, wandte er sich sogar an den Presseverband und seinen Freund Churchill. Da dieser jedoch damals kein offizielles Amt bekleidete, konnte er nicht mehr für Lawrence tun, als ihm sein Mitgefühl auszusprechen. Als Lawrence schließlich in Clouds Hill eintraf, war er ständig von Journalisten umringt; es kam sogar zu einem Handgemenge, über das er ebenso wütend wie entsetzt war.

Die Briefe aus den letzten Wochen seines Lebens sind Ausdruck seiner schwankenden Stimmungen. Die Royal Air Force habe »eine große Leere in ihm hinterlassen«. Etwas in ihm sei »kaputt gegangen«. In einem anderen Brief beschrieb er seine Stimmung als »reine Verwirrung ... Ich glaube, Blätter, die vom Baum gefallen sind, fühlen sich so, bevor

»Verflucht sei die Presse! Ich wünschte, Sie würden etwas unternehmen! Ich wünschte, wie Nero, dass die Presse nur einen einzigen Hals hätte und Sie diesen zudrücken würden. Ich wünschte ... was wünschte ich? Ich wünschte, glaube ich, ich wäre tot. Das Ende einer Laufbahn ist etwas Schmerzliches, und ich habe keine Vorstellung über meine Entlassung hinaus und nur 25 Schilling die Woche und nicht den Mut, einen anderen Job anzunehmen, weil diese Nachrichtenköter davon Wind kriegen und es herumbellen würden. Wie gesagt, ich verfluche sie. Die einzige Möglichkeit, dass sie einen nicht erwähnen, ist, einer von ihnen zu werden, doch erst möchte ich sehen, wie man sie alle in Paraffin kocht.«

Wütender Protest: ein weiterer seiner Briefe an C. P. Robertson im Luftfahrtministerium, geschrieben Anfang 1935

Oben Lawrence am 26. Februar 1935, dem Tag seines Abschieds von der Luftwaffe, in Bridlington, Yorkshire. Er machte eine gemächliche Fahrradtour nach Clouds Hill, um jegliche Öffentlichkeit zu vermeiden. Doch selbst in seinem Refugium verfolgten die Journalisten ihn und warfen Steine auf das Dach seiner Hütte, um ihn vor die Tür zu locken.

Rechts Eine Luftaufnahme von Clouds Hill vom 1. Mai 1935. Möglicherweise entstand sie aber bereits im Vormonat, als die Presse Lawrence besonders zusetzte.

»Es ist eine der bittersten Sachen im Leben, wenn man begreift, dass man einfach nicht gut genug ist. Vielleicht besser als manche, als viele – aber das Relative kümmert mich nicht, und mit meinesgleichen möchte ich mich nicht vergleichen. Irgendwo gibt es einen idealen Maßstab und nur darauf kommt es an; und ich kann ihn nicht finden. Daher diese Ziellosigkeit ... Kommen wir auf den Boden der Tatsachen zurück. Sie machen nach wie vor Schnitzereien. Ich baue immer noch Boote für die Royal Air Force. Am 11. März nächsten Jahres wird diese Tätigkeit ein Ende haben. Ich gehe. Clouds Hill erwartet mich, mein Zuhause (die Adresse lautet: Shaw, Clouds Hill, Moreton, Dorset), und ich habe ein wöchentliches Einkommen von fast zwei Pfund. Ich habe die Absicht, alle Muße, der ich mich widmen kann, gut zu verdauen; und wenn ich feststelle, dass das Nichtstun nicht schlimmer ist als die jetzige unsinnige Beschäftigung mit diesem und jenem – dann werde ich einfach damit weitermachen, nichts zu tun. Aber wenn das Nichtstun nicht gut ist, dann werde ich wieder in See stechen und sehen, wohin es mich treibt ...«

Brief an Eric Kennington, 6. August 1934

Unten and **rechts** Die Nachricht, die die Nation im Mai 1935 schockierte. Lawrence' älterer Bruder und seine Mutter (hier auf einer späteren Fotografie) befanden sich gerade auf der Rückreise von China. Nach ihrer Ankunft widmeten sie sich sofort der Aufgabe, die Erinnerung an den Verstorbenen zu bewahren.

MR. T. E. SHAW GRAVELY INJURED

MOTORING ACCIDENT IN DORSET

Mr. T. E. Shaw, who recently left the Royal Air Force after serving his engagement as an aircraftman, and who during the War became famous as Colonel T. E. Lawrence, the leader of the Arab irregular forces in the Palestine campaign, was seriously injured yesterday morning through an accident while riding a motor-cycle a few miles from Wool, in Dorset. He was removed to the hospital at Bovington Camp, where it was found that his skull was fractured.

Mr. Shaw, since his discharge from the Royal Air Force, has been living in a country cottage at Moreton, in Dorset. Motor-cycling has been his chief recreation.

MAY, 1935

RECORD ON THE ROADS

BIG RISE IN NUMBER OF DEATHS

Nearly 1,000 More Injured

TOTAL OF 4,966

Fatalities 132
Against 112

The road casualties record for Silver Jubilee Week was a particularly bad one.

THE figures published by the Ministry of Transport to-day were:—

Deaths, 132; injured, 4,966.
The figures for the preceding seven days were:—

Deaths, 112; injured, 3,990.
For the week ended 12 May, 1934, the totals were:—

Deaths, 128; injured, 4,565.

Last week's casualties were much the highest since the institution of the 30 m.p.h. speed limit.

It is necessary to go back to 2 February this year to find last week's [...]

"Colonel Lawrence's" Fight For Life

"A Little Weaker, But Holding His Own Well"

Mr. P. F. Warner,
ENGLAND'S TEST CAPTAIN

MR. T. E. SHAW (otherwise "Lawrence of Arabia") is still unconscious to-day—the third day after a collision with a boy-cyclist near Bovington Camp, Dorset.

If his condition remains unchanged until to-night stronger hopes will be entertained of his ultimate recovery from his serious injury, a fractured skull.

The following bulletin was issued at 10.15 p.m. at the Wool Military Hospital, where he is lying:—

Mr. T. E. Shaw is still in an unconscious condition. He has passed a fair night. His general condition is, if anything, a little weaker, but he is holding his own well.

By that time Mr. Shaw had been unconscious for over 70 hours.

Mr. Shaw's weakness is understood to be due mainly to lack of nourishment owing to his prolonged unconsciousness. He is being artificially fed.

CRISIS NOT EXPECTED YET

Not Even Considered Yet, Says P. F. Warner

Mr. P. F. Warner, chairman of the Cricket Selection Committee, makes the following statement with regard to a report published to-day concerning the captaincy of the England XI in the forthcoming Test matches against South Africa.

"The Selection Committee has not even considered the question of the captaincy or the composition of the England team.

"As soon as any decision is made it will be announced officially. Mean-[...]

sie sterben.« In seinem vermutlich letzten Brief schrieb er: »Zurzeit sitze ich in meiner Hütte und gewöhne mich an ein leeres Leben«; gleichzeitig fügte er hinzu, er freue sich auf die Zeit, wenn dieser »Zauber« vorüber sei und er beginne, »wieder zu Kräften zu kommen«.

Immerhin war inzwischen sein Motorrad wieder zugelassen, das er wesentlich lieber benutzte als das Fahrrad. Aber es war nicht überhöhte Geschwindigkeit, die am 13. Mai 1935 zu seinem Unfall führte, bei dem er auf dem Nachhauseweg von der Post das Fahrrad eines Botenjungen erfasste, stürzte und sich schwere Kopfverletzungen zuzog. Nach sechs Tagen im Koma starb Lawrence am 19. Mai im Alter von 46 Jahren. Die Nachricht seines Todes löste in der ganzen Welt Trauer und Bestürzung aus.

Die Beerdigung fand zwei Tage später in Moreton statt, direkt gegenüber von Clouds Hill auf der anderen Seite der Heide. Zu der Trauerge-

PASSING OF "LAWRENCE OF ARABIA"

Tragic End To Brilliant Career

BRAIN DAMAGED IN ACCIDENT

To Be Buried Amid Dorset Hills

FUNERAL AND INQUEST TO-MORROW

"LAWRENCE OF ARABIA," probably the most romantic figure of modern times, died yester-

When War Office Was Surprised

HONOUR REFUSED

Belief That Promises Were Unfulfilled

The real story of Lawrence of Arabia was told yesterday by a man who knew him probably better than any other, a comrade who shared his chief adventures and many of his last hours.

At his own request this man remains anonymous. His story, however, challenged many of the strange legends which have grown around the names of Lawrence of Arabia and Aircraftman Shaw.

"A capable, clever, and forceful man. That is all he was," he said. "To me he was nothing more. All the tales of mystery, intrigue, and espionage are so much fiction. Lawrence had a spirit of revolt in him. In a way he liked to be different. It was this characteristic which caused him to be regarded as a mystery man.

One story of Lawrence which this friend told shows the independence of his spirit. "When he returned from Arabia he was notified by the War Office that he was to be honoured with a decoration from the King. Disappointed at what he believed to be the failure of the Government to fulfil the promises he had made on their behalf, Lawrence replied to the War Office declining the decoration.

A DRAMATIC MEETING

Raising The Arab Standard

AMAZING POWER OF ENDURANCE

LORD LLOYD yesterday gave a "Western Morning News" reporter a graphic story of the entry of Mr. T. E. Shaw (Col. Lawrence) upon his great work among the Arabs during the war.

"The first I ever heard of 'T.E.L.,'" he said, "was in November, 1914, when the little intelligence department in the Old Harbie, Cairo, was being hastily expanded to deal with the situation caused by the entry of the Turks into the war, and their impending attack on the Suez Canal.

"We badly needed an expert on Syria. I well remember 'T. E. L.' unconventionally arriving in Cairo, uniform all awry, and without a Sam Browne belt or military encumbrances of any kind.

"He took charge of the production of

Oben Sofort nach seinem Tod verschwand der Name »T. E. Shaw« aus den Schlagzeilen, und er wurde wieder »Lawrence von Arabien«.

Gegenüber Die großzügige Huldigung der wichtigsten Zeitung seiner Heimatstadt, die ihn als den »größten Sohn Oxfords seiner Zeit« pries. Aber es gab auch eine unerfreuliche Seite: Während Lawrence noch mit dem Tode rang, musste Clouds Hill bewacht werden, um Diebe und Souvenirjäger abzuschrecken.

Oxford Mail

SPECIAL

No. 2,010.   TELEPHONE 4141.   SUNDAY, 19 MAY, 1935.   1935.   PRICE ONE PENNY.

ENCE OF ARABIA DIES AT BOVIN

S SHORTLY AFTER EIGHT O'CLOCK DESPITE SPECIALIS

WON A WAR F THIRTY

Know Who Could at He Did

DISTINCTION

oss and T. E. Shaw gainst Publicity

and he declined both distinctions.

His work done and Turkish rule over Arabs having been effectively stroyed, Lawrence, with King Feisal, ended the Peace Conference.

What happened there is history. His me will live as that of a great nglishman who did great work. When, after the War, the first counts of Colonel Lawrence's amazg exploits reached the public and he came world-famous, his extreme servedness caused him to shrink from sudden publicity, and, tiring of oing nothing," he joined the Royal Force under the name of Ross.

TANK CORPS AND R.A.F.

hen his real identity was discered he was dismissed as a matter policy" and he joined the Royal nk Corps as "T. E. Shaw." ater, however, Lawrence was ved to rejoin the R.A.F.

1926 Col. Lawrence published his rkable book, "Seven Pillars of dom," in which he told for the time the full story of his life ng the Arab tribes.

edition was limited to about 100 es, of which a certain number ng one or other of the illustrated res, were disposed of by the author ends.

e original price of the edition was uineas, but copies have since ed as much as £4,000 in America. ere have been innumerable conjecres as to why Lawrence flung and honours aside and buried lf in the ranks of the Royal Air

bly the best explanation is to be in his own words. rvice life," he wrote, "teaches a to live largely on little. We to a big thing which will exist ver and ever in unnumbered res of standard airmen like ves.

rmen have no possessions, few little daily care. For me, duty orders only the brightness of little buttons down my front, every a relationship, no loneliness any

reason for not taking a commis s that he did not mind obeying "orders but had an objection ding them on to other men.

SIR E. FARQHUAR BUZZARD IN CONSULTATION

Oxygen Administered and Doctors Resort to Artificial Respiration in Grim Struggle

GREATEST OXFORD MAN OF HIS TIME

Funeral to be Very Simple With No Wreaths or Flowers

LAWRENCE OF ARABIA

THE "Oxford Mail" deeply regrets to announce that Larence of Arabia is dead. The end came shortly after 8 a.m..

Thus, in a motor cycle accident, perished the greatest mystery figure of modern times, the man who preferred to be known as T. E. Shaw rather than by the name that had become famous, the adventurer who joined the Royal Air Force in order to hide his identity from the public gaze, the glamorous War-time leader on whose head the Turks put the price of £10,000

Thus, too, perishes perhaps the greatest Oxford man of his time. As a boy he was a pupil of the Oxford High School. Later he went to Jesus College and was elected to a Demy-ship of Magdalen.

The distinguished Oxford physcian, Sir E. Farquhar Buzzard, had been called into consultation. But all was of no avail. Lawrence of Arabia died at the age of 46 in the Military Hospital of Bovington Camp, Dorset.

BROTHER'S CEASELESS VIGIL

For 106 hours Lawrence had lain unconscious, following the collision between his motor-cycle and a boy cyclist near the military camp, and near the cottage which the ex-AirCraft-man was preparing for his own retirement.

Throughout that time his brother, Mr. A. W. Lawrence, and his friend and servant. Pat Knowles, had maintained a ceaseless vigil, while famous specialists tried to have his life.

It was realised yesterday that the crisis had been reached. Sir Farquhar Buzard, Physician in Ordinary to the King. and probably the greatest living authority on Neurology, was called in. Mr. H. W. B. Caird. the brain specialist, and Dr. Hope Gosse, the lung specialist, dashed to the

PUPIL OF T HIGH S

Later Demy of Mago Fellow of

"COL. LAWRENCE" was intimately associated with Oxford.

Born in Wales, he came as a boy of eight to live with his parents in a house in Polstead-road, Oxford.

He went to Oxford High School, as it was then called, where he remained for 11 years.

It was there that he developed his strong interest in archaeology. He spent a great part of his holidays either exploring or watching where excavations were in progress to see what he could carry off and prepare for the Ashmolean Museum.

SCHOOLBOY EXPLOITS

Although unpopular because of his contempt for games, he became the hero of the school when he negotiated the Trill Mill stream which runs for about a mile under the City, from the Castle to near Folly Bridge.

Another of his exploits, which few have attempted, was the navigation of the Cherwell from Banbury to Oxford in a canoe.

In one of the eddies Lawrence was thrown out, and after swimming ashore to dry his clothes in the sun, he sat in the canoe in a rug.

From the High School, Lawrence went to Jesus College; he was elected to a Senior Demyship at Magdalen in 1911.

ENTRY INTO ASIA

Before he finished his course at Oxford he went to Asia Minor, Syria and Palestine. No sooner had he arrived than he adopted native costume and tramped over thousands of miles of unknown desert country, living with tribes and studying their manners and customs.

His outstanding taste at that period was still for archaeology, and he was engaged from 1910 until the outbreak of war in the excavations which were being carried out under the auspices of the British Museum on the Euphrates.

It was during these years that he came to know the Bedouins better than most people.

Then came the War. His earliest effort to join the Army was in 1914. Only 5ft. 3in. tall, this studious, shy young man came before the doctors, who turned him down as physically unfit and advised him to "run home to his mother and wait for the next war."

For some time after his rejection he returned to the ruins of lost civilisa-

M. Laval To Visit Germany?

Lunch With Gen. Goering and M. Beck

GEN. GOERING (the German Air Minister), M. Laval (the French Foreign Minister) and Col. Beck (the Polish Foreign Mi

Links Die Sargträger bei Lawrence' Beerdigung in Moreton, Dorset, 21. Mai 1935; Arnold Lawrence und seine Frau Barbara (nicht auf dem Bild) folgten direkt hinter der Bahre.

meinde zählten Winston Churchill und seine Frau, Lord Lloyd, Lady Astor, General Wavell, Augustus John und Siegfried Sassoon. Die Sargträger waren Sir Ronald Storrs, Oberst Newcombe, Eric Kennington, Unteroffizier Bradbury von der Royal Air Force, Arthur Russell vom Panzerkorps sowie Lawrence' Nachbar und Berater in Clouds Hill, Pat Knowles. Die Bestattung fand nicht auf dem eigentlichen Kirchhof statt, sondern auf einem kleinen Friedhof einige hundert Meter weiter.

Lawrence' jüngster Bruder Arnold war als einziges Mitglied der Familie bei der Bestattung anwesend; seine Mutter und sein älterer Bruder befanden sich auf der Rückreise von China, wo sie missionarisch tätig waren. Sie leisteten ihren Beitrag nachträglich, indem sie Kennington damit beauftragten, Lawrence' Grabstein zu meißeln. Sein Name erhielt lediglich den Zusatz »Fellow of All Souls College Oxford«; den Rest des Grabsteins ziert ein Vers aus dem Johannesevangelium, Vers 5,25: »Die Stunde kommt, und sie ist schon da, in der die Toten die Stimme des Sohnes Gottes hören werden; und alle, die sie hören, werden leben.« Für beide Inschriften gibt es eine plausible Erklärung. Die erste dürfte Ausdruck des Stolzes einer Familie sein, die unter ungünstigen Vorzeichen nach Oxford gekommen war und sich nun eines Mitglieds rühmen konnte, das eine der höchsten Auszeichnungen der Universität erhalten hatte. Die zweite hingegen zeugt wohl von der nie nachlassenden Hoffnung der Mutter, dass ihre Söhne als glühende Kämpfer für den christliche Glauben dazu beitragen würden, die Verfehlungen ihrer Mutter zu sühnen. Während Bob ihr diesen Traum erfüllt und Arnold ihre Ansichten rigoros abgelehnt hatte, war T. E. in Fragen des Glaubens zeitlebens unentschlossen gewesen. Wie so vieles andere ließ Lawrence auch diese Frage unbeantwortet.

»Jemanden wie ihn werden wir nicht mehr erleben ... Sein Name wird in der Geschichte weiterleben. Er wird in den Annalen des Krieges weiterleben – er wird in den Legenden Arabiens weiterleben.«

Winston Churchill

Links Die Trauergäste, deren prominenteste Winston Churchill und seine Frau waren. Weitere Teilnehmer: Lady Astor, Siegfried Sassoon, Augustus John, Lord Lloyd, General Wavell, Lionel Curtis und die Frau von Thomas Hardy. Bei der schlichten Beerdigung wurden nur ein Psalm, ein Kirchenlied, Gebete und das »Nunc Dimittis« vorgetragen. Es gab keine Traueransprache.

Oben Lawrence' Grab auf dem Friedhof bei Moreton. Die Inschrift, die seine Mutter und sein älterer Bruder ausgesucht hatten, spiegelte religiöse Überzeugungen wider, die Lawrence selbst nicht geteilt hatte.

LEGENDE UND VERMÄCHTNIS

Teil 4

»Ruhm nach dem Tod – das ist etwas zum Ausspucken; die einzigen Seelen, die es sich lohnt zu gewinnen, sind die warmherzigen um uns herum. Wenn uns das nicht gelingt, haben wir versagt.«

Diese Worte schrieb Lawrence am 25. Februar 1935, knapp zwölf Wochen vor seinem Tod, an seinen Verleger Peter Davies. Doch in seinem eigenen Fall war der Ruhm nach seinem Tod unvermeidlich und sollte immer größere Kreise ziehen.

Zunächst gab es eine spontane Welle der Trauer, die sich nicht nur auf Großbritannien beschränkte, da Lawrence mittlerweile international bekannt war. Der Schock über seinen Tod war in der ganzen Welt zu spüren. Einer, der seinen Kummer auf so bewegende Weise zum Ausdruck brachte, dass David Garnett ihm in seiner 1951 erschienenen Sammlung »Mosaik meines Lebens« einen Ehrenplatz einräumte, war Scheich Hamoudi, Aufseher in Karkemisch und Freund von Dahoum. Die beiden hatten die Familie Lawrence 1913 in Oxford besucht. »Als man ihm von T. E. Lawrence' Tod berichtete«, schrieb Garnett, »lief Hamoudi auf dem Steinboden eines Saales in Aleppo hin und her und rief in seinem Schmerz: ›Oh, wäre er doch in der Schlacht gefallen! Ich habe einen Sohn verloren, doch ich trauere weniger stark um ihn, als ich um

Lawrence trauere ... Ich gelte als tapfer, als der tapferste meines Stammes: Mein Herz war aus Eisen, doch seines war aus Stahl. Er war ein Mann, dessen Hand nie geschlossen war, sondern immer offen ... Sagen Sie ihnen in England, was ich Ihnen sage. Er war ein Mann voller Männlichkeit, in seiner Freiheit frei; ein Geist, der seinesgleichen sucht; ich kann keinen Makel an ihm erkennen.«

Schon bald begannen die offiziellen Gedenkfeiern. Am 29. Januar 1936 wurde eine Lawrence-Büste von Eric Kennington in der St. Paul's Cathedral in London enthüllt. Die Rede hielt einer der herausragendsten Vertreter der Nation, Lord Halifax, ehemaliger Vizekönig von Indien, Kanzler der Universität Oxford, zukünftiger Außenminister und britischer Botschafter in den Vereinigten Staaten; darüber hinaus war er als parlamentarischer Staatssekretär für die Kolonien tätig, als Lawrence dem Kolonialministerium zugeordnet war. Seine Huldigung war so überschwänglich, dass sie Widerspruch geradezu herausforderte. Er verwies auf Lawrence' »fast unwiderstehliche Macht«, seine »meisterhafte Beherrschung des Lebens«, das »verzehrende Feuer, das ihn vor der breiten Masse unterschied«. In einem Absatz seiner Rede beschrieb er Lawrence fast so, als wäre er eine Figur des antiken Mythos:

Seltsam, wie sehr er die kargen Orte der Erde liebte, die seinem Ideal einer nüchternen Lebensführung entsprachen. Und daher liebte er auch die Wüste, wo sich die weiten Räume in der Ferne verlieren, und entdeckte – selbst ein Wanderer – seine natürliche Verwandtschaft mit den wandernden Völkern seiner Wahlheimat.

Eine Kopie der Büste zierte später die Kapelle des Jesus College in Oxford. Unterdessen hatte Kennington bereits mit der Arbeit an seinem schönsten Lawrence-Bildnis begonnen, das diesen liegend in arabischen Gewändern zeigt und 1939 in der winzigen Kirche St. Martin's Wareham aufgestellt wurde. 1954 fertigte der Bildhauer einen Zementabguss dieser Skulptur an, die in der heute als Tate Britain bekannten Tate Gallery in London aufgestellt wurde.

Auch in gedruckter Form hatte die Legendenbildung längst begonnen. Obwohl einige Besitzer der Subskriptionsausgabe der Meinung waren, man solle »Die sieben Säulen der Weisheit« dem breiten Publikum vorenthalten, da das Buch einen »perversen Kult« um Lawrence betrei-

Oben Die erste amerikanische Ausgabe von Lowell Thomas' Bestseller aus dem Jahr 1924, deren Grundlage seine Vorträge bilden. Sie warb damit, »die großartigste Geschichte aus diesem Krieg zu erzählen«. Bis zum Ausbruch des Zweiten Weltkriegs hatten sich in Großbritannien fast 200 000 Exemplare des Buches verkauft.

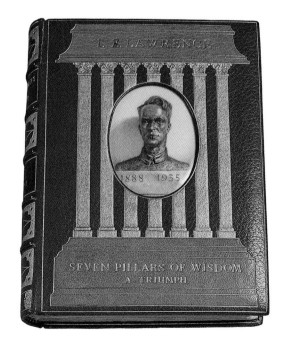

Rechts Das Lawrence-Porträt von Augustus John entstand, wie das auf Seite 186, im Jahr 1919. Während Lawrence das andere Bildnis als den »Zornigen« bezeichnete, beschrieb er dieses als den »Tugendbold«. Dieses ebenfalls sehr verehrte Bild befindet sich in der Yale University Art Gallery in den USA.

Gegenüber Die erste öffentliche Ausgabe der »Sieben Säulen der Weisheit« von 1935 in einer speziellen »Cosway«-Bindung, hergestellt von dem Londoner Buchhändler Henry Sotheran, mit einem Miniaturporträt des Autors von Miss Curie. Das Buch, das zehn Wochen nach Lawrence' Tod erschien, war ein großer Erfolg; schon vor der Veröffentlichung waren 60 000 Exemplare bestellt worden. Seither ist es nie wieder aus den Regalen verschwunden.

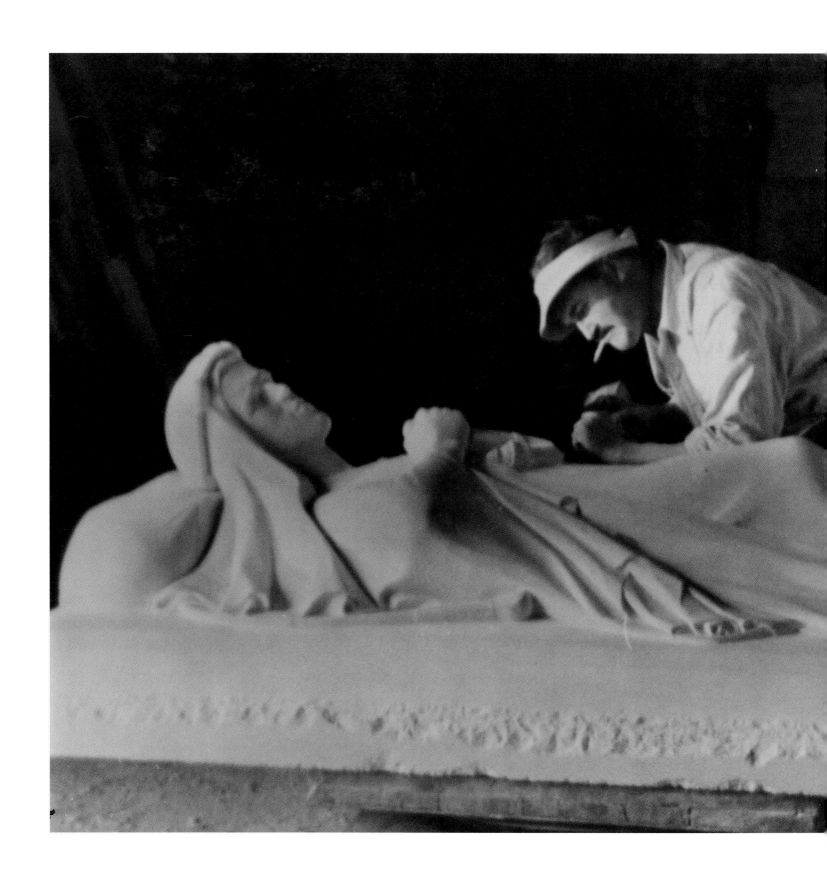

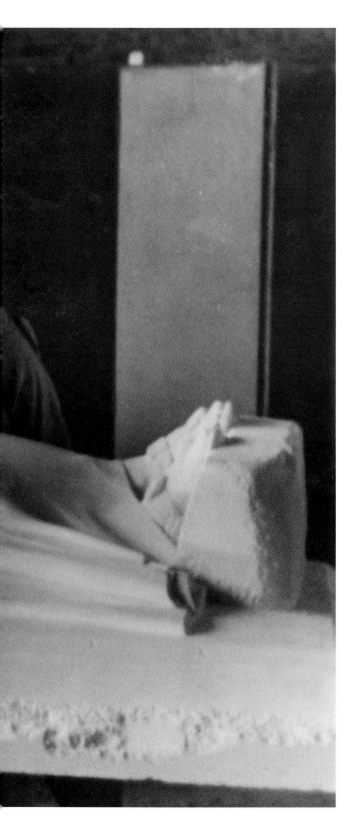

be, erschien es kurz darauf in den Buchhandlungen und erfreute sich großen Zuspruchs. Es wurde ein Bestseller, der in vielen verschiedenen Formaten erschien und in nicht weniger als siebzehn Sprachen übersetzt wurde. Bis heute ist es nie völlig aus den Regalen verschwunden.

Aufgrund des nicht nachlassenden Interesses an seinem Bruder begann Arnold W. Lawrence, einen umfangreichen Erinnerungsband zusammenzustellen, der 1937 unter dem Titel »T. E. Lawrence by his Friends« erschien. Einige der Personen, die Lawrence besonders nahe standen, wie Feisal und Hogarth, waren inzwischen tot, doch nahezu achtzig der Angefragten reagierten positiv auf die Einladung, etwas zu diesem Band beizutragen; unter ihnen waren so renommierte Persönlichkeiten wie Winston Churchill, Lord Allenby, Bernard Shaw, E. M. Forster und Robert Graves, aber auch Freunde aus Lawrence' Schul- und Studienzeit sowie ehemalige Kameraden aus der Luftwaffe und dem Panzerkorps. Lord Halifax' Rede in der St. Paul's Cathedral vom Jahr zuvor wurde als Einleitung in den Band aufgenommen.

Schon 1929 hatte Lawrence einem Freund aus der Royal Air Force geschrieben: »Ich versuche, mich an die Tatsache zu gewöhnen, dass man vermutlich für den Rest meines Lebens – und auch noch danach – über mich sprechen wird. Nach meinem Tod wird es eine wahre Flut von ›Briefen‹ geben.« Diese Vorhersage sollte sich 1938 gleich doppelt erfüllen, als in diesem Jahr sowohl eine fast 900 Seiten umfassende Korrespondenzsammlung, herausgegeben von David Garnett, unter dem Titel »Selbstbildnis in Briefen« als auch eine kürzere und preisgünstigere Version mit ausgewählten Briefen erschien. Darüber hinaus veröffentlichte

Rechts Lawrence' Kopftuch, im offenen und verpackten Zustand, sowie ein Gewand, das ihm Feisal geschenkt haben soll.

Unten Dieser goldene Dolch soll 1917 für Lawrence in Mekka angefertigt worden sein. Er trägt ihn auf den Abbildungen auf Seite 34 und Seite 149.

Rechts Eine moderne »Reliquie«: eine eigens in Auftrag gegebene Schnitzerei, die an Lawrence' »hethitisches« Werk in Karkemisch angelehnt ist (siehe Seite 26).

Gegenüber Bleistiftzeichnung von Augustus John aus dem Jahr 1919.

die »Golden Cockerel Press«, führend unter den qualitativ hochwertigen Kleinverlagen jener Zeit, Lawrence' Kriegsberichte unter dem Titel »Secret Despatches from Arabia« in einer limitierten Auflage. Da diese Dokumente offiziell noch der Geheimhaltung unterlagen, benötigte man für ihre Veröffentlichung eine besondere Erlaubnis des britischen Außenministeriums, das diese anstandslos erteilte.

Dies war der Beginn einer regelrechten Lawrence-Literatur-Welle, die schließlich so viele Werke umfassen sollte, dass die letzte Ausgabe von Lawrence' Bibliografie, die von dem hervorragenden amerikanischen Gelehrten Philip O'Brien zusammengestellt wurde, fast ebenso viele Seiten umfasst (nämlich 894) wie David Garnetts Korrespondenzsammlung (mit ihren 896 Seiten).

Im Zweiten Weltkrieg verschwand Lawrence ein wenig aus dem Rampenlicht, doch vergessen war er nicht. Generäle unterschiedlicher Nationen kannten und schätzten seine militärischen Einsichten; Churchill war als Premierminister und Kriegsherr sogar ständig auf der Suche nach Kommandeuren von Lawrence' Kaliber. Einen solchen fand er in dem britischen General Orde Wingate. Wingate selbst, dies sollte man hinzufügen, war kein Bewunderer von Lawrence, doch infolge der Taktiken, die er an verschiedenen Kriegsschauplätzen anwandte, wurden ihm inoffizielle Titel wie Lawrence von Judäa, Lawrence von Äthiopien und Lawrence von Burma zuteil. In Anerkennung seiner Verdienste verlieh die »Royal Central Asian Society« Wingate die Lawrence-von-Arabien-Gedächtnismedaille.

Diese einseitige Betrachtungsweise musste jedoch irgendwann ein Ende finden. Die äußerst kritische Lawrence-Biografie von Richard Aldington, die 1955 erschien, erschütterte seinen Ruf nachhaltig. Es war, als habe man ein Denkmal zerstört. Die Tatsache, dass Aldington mit dem Lawrence-Mythos gründlich aufräumte, sollte sich letztlich als heilsam erweisen, da sie den Weg für die seriöse akademische Forschung ebnete und zu der heute vorherrschenden ausgeglicheneren Einschätzung seiner Persönlichkeit führte.

Ironischerweise hatte Generalmajor A. P. Wavell, einer der angesehensten Mitarbeiter an dem Buch »T. E. Lawrence by his Friends«, diese Entwicklung bereits vorausgesehen und hellsichtig geschrieben: »Es wird immer Leute geben, die ihn verunglimpfen und für die ›Lawrence-Legende‹ nur Verachtung übrig haben; diejenigen, die seinen Erfolg bei

»Es wird immer Leute geben, die ihn verunglimpfen und für die ›Lawrence-Legende‹ nur Verachtung übrig haben; diejenigen, die seinen Erfolg bei den Arabern dem Geld zuschreiben; die den Mann als einen Scharlatan betrachten, der nach allgemeiner Bekanntheit strebt, indem er sich scheinbar aus dem öffentlichen Leben zurückzieht; die seinen Abstieg vom Oberst zum einfachen Rekruten als Beweis für eine morbide ›nostalgie de la boue‹ ansehen. Sie kannten diesen Mann nicht.«

Generalmajor A. P. Wavell

Oben Der letzte Monat in Uniform: Kohlenskizze von Augustus John, Januar 1935.

den Arabern dem Geld zuschreiben; die den Mann als einen Scharlatan betrachten, der nach allgemeiner Bekanntheit strebt, indem er sich scheinbar aus dem öffentlichen Leben zurückzieht; die seinen Abstieg vom Oberst zum einfachen Rekruten als Beweis für eine morbide ›nostalgie de la boue‹ ansehen. Sie kannten diesen Mann nicht.«

Seltsamerweise sollte das Bild »dieses Mannes« durch den nächsten wichtigen Schritt nicht nur rehabilitiert, sondern zugleich weiter verzerrt werden. Der äußerst populäre, oscarpreisgekrönte Film »Lawrence von Arabien«, der 1962 unter der Regie von David Lean mit Peter O'Toole in der Titelrolle in die Kinos kam, machte Lawrence' Taten während des Krieges in der ganzen Welt bekannt und verschaffte ihm viele neue Bewunderer. Darüber hinaus inspirierte er eine Fülle neuer Biografien, die sich für oder gegen Lawrence aussprachen. Der Film, dessen Handlung größtenteils an den Originalschauplätzen spielt, ist eine beachtliche Leistung. Da es sich allerdings um einen Spielfilm und nicht um einen Dokumentarfilm handelt, verwundert es nicht, dass vieles darin abgeändert wurde. Der Charakter der Hauptfigur, die von Peter O'Toole brillant dargestellt wurde, entsetzte und empörte viele von Lawrence' Freunden.

Aber letztlich ist es der reale Mensch, der uns heute fasziniert, während die mythische Figur eher in den Hintergrund tritt. Zunehmend überwiegt das Interesse an dem weniger schillernden, prosaischeren Lawrence der letzten Lebensjahre, zu dem viele Menschen inzwischen so etwas wie eine persönliche Beziehung haben: zu dem Mann, der mit den positiven und den negativen Seiten seiner eigenen komplexen Persönlichkeit rang, zu seinen Motiven, seinen Überzeugungen, seiner Sexualität, zu dem Mann, der sich mit der Frage konfrontiert sah, was er mit einer Laufbahn anfangen sollte, deren Höhepunkte bald vorüber sein und deren Schattenseiten ihn zeit seines Lebens verfolgen würden. Ein wesentlicher Teil seines Vermächtnisses sind also nicht nur seine Errungenschaften und Erfolge, sondern auch seine Menschlichkeit und Verwundbarkeit sowie die Art, wie er sich dem Leben stellte und darin uns selbst in manchem ähnelt.

Doch Lawrence hinterließ auch ein anderes kulturelles Erbe: eine Fülle an literarischem und visuellem Material, aus dem einige der Fragmente stammen, die in dieses Buch mit eingeflossen sind.

Links William Roberts' Bewunderung für Lawrence dauerte noch lange nach dessen Tod an. Daher dieses bemerkenswerte Gemälde von 1954, das den Titel »Aufstand in der Wüste« trägt. Lawrence, der an seinem Dolch zu erkennen ist, steht rechts unten, umgeben von einigen Beduinen. Roberts, der ursprünglich zur Gruppe der Vortizisten zählte, hatte inzwischen seinen eigenen, höchst eigenwilligen Stil entwickelt.

Rechts Dieses nicht minder merkwürdige Gemälde, das den einfachen Titel »T. E. Lawrence« trägt, entstand 1934. Es stammt von dem in Österreich geborenen religiösen Künstler Herbert Gurschner und wurde von einem entfernten Verwandten von Lawrence für ein Buch in Auftrag gegeben, das jedoch nie erschien. Vermutlich wurde es nach fotografischen Vorlagen gemalt, da es keinerlei Hinweise auf Porträtsitzungen gibt. Nach Lawrence' Tod wurde Arnold von zahlreichen Bewunderern seines Bruders angesprochen, die in diesem den Mittelpunkt einer neuen Religion sahen und in Arnold den potentiellen Heiligen Paulus. »Ich erhielt etwa 500 Briefe ... Die meisten wollten, dass ich seine Nachfolge antrete.« Gurschners Interpretation vermittelt den Charakter derartiger Vorstellungen mit unheimlicher Genauigkeit.

Doch damit sollte diese Erzählung nicht enden. Die sich stetig ändernde Welt des neuen Jahrhunderts verlangt nach einer Neubewertung des mit Sicherheit wichtigsten Aspekts der wechselvollen, geradezu kometenhaften Laufbahn dieses Mannes. Von Aufständischen geführte Kriege sowie der Kampf gegen den Terrorismus und die damit verbundenen Konflikte, die seit dem Ende des Kalten Krieges die größte Bedrohung für weltweiten Frieden und Stabilität darstellen, haben die Randfigur in einem Krieg zum Mittelpunkt des Interesses werden lassen. Dort, wo Generäle wie Foch, Ludendorf, Hindenburg, Haig oder Pershing nichts mehr beizutragen haben, erweist sich der einzelgängerische Verbindungsoffizier mit seinem »Nebenschauplatz eines Nebenschauplatzes« plötzlich als Figur von erheblicher Bedeutung. Historiker und Experten haben begonnen, ihn als Autorität zu zitieren, deren Aussagen von höchster Wichtigkeit für den neuen Krieg im Nahen Osten sind, der heute in noch stärkerem Maße im Brennpunkt steht als zu Lawrence' Zeiten. So wird der Mann, von dem die Herausgeber des »Oxford Book of Modern Quotations« nur drei Zitate für würdig befanden, wieder und wieder zitiert, als sei er der Verfasser eines neu entdeckten Evangeliums. Im März 2004 druckte die Londoner »Times« einen Artikel mit dem

O'Toole
von Arabien

Gegenüber Szenen aus
dem berühmten Spielfilm,
der Lawrence' Geschichte
zu einem Kassenschlager
machte und mehrere Oscars
gewann. Peter O'Toole
wurde durch seine brillante
Darstellung der Hauptfigur
ein Superstar, doch viele,
die Lawrence noch persön-
lich gekannt hatten, empfan-
den den Film als Parodie.

Rechts Eines der zahlreichen Plakate, die für den
Spielfilm von 1962 warben.

From the creators of "The Bridge On The River Kwai."
Columbia Pictures presents The SAM SPIEGEL · DAVID LEAN Production of

LAWRENCE OF ARABIA

"I deem him one of the greatest beings alive in our time.
...we shall never see his like again. His name will live in history.
It will live in the annals of war...It will live in the legends of Arabia!**"**
—WINSTON CHURCHILL

ALEC GUINNESS · ANTHONY QUINN
JACK HAWKINS · JOSE FERRER
ANTHONY QUAYLE · CLAUDE RAINS · ARTHUR KENNEDY
PETER O'TOOLE as LAWRENCE · OMAR SHARIF as "ALI"
ROBERT BOLT · SAM SPIEGEL · DAVID LEAN · TECHNICOLOR®
SUPER PANAVISION 70®

Titel »Lawrence von Arabiens Lektionen für den Irakkrieg« und löste damit eine weitere heftige Debatte aus. Unter der Zwischenüberschrift »Die Weisheit des T. E. Lawrence« zitierte sie mehrere bemerkenswerte Sätze aus dem Buch »Die sieben Säulen der Weisheit«:

»Armeen sind wie Pflanzen, unbeweglich, fest verwurzelt, ernährt von langen Stielen, die bis zur Spitze führen. Guerillas dagegen sind wie Dunst.«

Um Guerillas zu führen, muss man einer von ihnen sein. »Sie sagten mir, keiner könne ihr Führer sein, es sei denn, er teile die Speisen mit ihnen, ihre Kleider, lebe mit ihnen zusammen und sei ihnen gleichwohl überlegen.«

Die Macht der Hoffnung und der Einbildungskraft macht die Menschen gefährlich: »Alle Menschen träumen, aber nicht auf dieselbe Art. Die, die nachts träumen, in den staubigen Nischen ihres Geistes, wachen am Tag und stellen fest, dass ihre Träume eitel waren; aber die, die am Tage träumen, sind gefährlich, da sie ihren Traum mit offenen Augen leben, um ihn zu verwirklichen.«

Die Zeitung berichtete von einem massiven Anstieg der Verkaufszahlen der »Sieben Säulen« und erklärte in einem Leitartikel, das »wirklich Unschätzbare« an Lawrence' Vorgehensweise sei seine Entschlossenheit, »die arabische Denkweise zu verstehen«, und sein Genie beruhe auf den Mühen, denen er sich unterzogen habe, um zu diesem Verständnis zu gelangen. »Einem Offizier, der von derselben Achtung vor der Lebens- und Denkweise der Araber erfüllt ist wie Lawrence, wird es wesentlich leichter fallen, die Gemüter für sich zu gewinnen, als jemandem, der nicht über dieses Wissen verfügt.« Auch in den USA besinnt man sich mittlerweile auf Lawrence. Das Pentagon hat ihn zur Pflichtlektüre für höhere Militärs gemacht und in der amerikanischen Presse wurde er Gegenstand einer ernsthaften und anhaltenden Diskussion. Man kann also dem Vermächtnis dieses außerordentlichen Mannes ein weiteres Element hinzufügen: T. E. Lawrence, der siebzig Jahre vor der Veröffentlichung dieses Buches und zahlreicher anderer, die sich mit ihm auseinandersetzen, gestorben ist, schafft es nach wie vor, uns zu faszinieren, in Erstaunen zu versetzen und uns auf einem Gebiet zu belehren, auf dem sein Wissen und seine Erfahrung unvergleichlich sind. Seine Geschichte ist noch keineswegs an ihrem Ende angelangt.

Rechts Lawrence-Büste von Eric Kennington. Das Original befindet sich als Symbol seines internationalen Ruhms in der St. Paul's Cathedral in London, eine Kopie in der Kapelle des Jesus College, Oxford, um auf seine bescheidenen akademischen Anfänge zu verweisen.

Kurzbiografien

ABDULLAH IBN HUSSEIN (1882–1951)
Abdullah war der zweite Sohn Hussein ibn Alis, Großkalif von Mekka. Lawrence traf Abdullah im Oktober 1916; obwohl er ihn für einen klugen Politiker hielt, kam er zu dem Schluss, dass er nicht der geeignete Mann sei, um den arabischen Aufstand anzuführen. Während diese Rolle seinem jüngeren Bruder Feisal zufiel, diente Abdullah als Außenminister seines Vaters. Später wurde Abdullah Emir (und anschließend König) von Transjordanien. Nachdem er 1951 einem Attentat in Jerusalem zum Opfer fiel, folgte ihm sein Enkel Hussein auf den Thron. Dieser blieb bis zu seinem Tod 1999 eine zentrale Figur im Nahen Osten.

GENERAL SIR EDMUND ALLENBY, SPÄTER ERSTER VICOMTE ALLENBY VON MEGIDDO (1861–1936)
Allenbys Laufbahn in der britischen Armee begann in Südafrika. Mit den britischen Expeditionsstreitkräften ging er 1914 als Generalkommandeur der Kavallerie nach Frankreich. 1915 übertrug man ihm das Kommando der Dritten Armee, zwei Jahre später ernannte man ihn zum Oberkommandierenden der ägyptischen Expeditionsstreitkräfte im Nahen Osten. Auf diesem Posten folgte er Sir Archibald Murray, dessen Angriffe auf Gasa zweimal fehlgeschlagen waren. Allenby gelang es im Gegensatz zu seinem Vorgänger, die Moral der Truppen wieder zu stärken. Im September 1918 startete er eine Großoffensive gegen die Türken, die zur Eroberung von Damaskus führte. Er übte großen Einfluss auf Lawrence aus. Trotz ihrer unterschiedlichen Persönlichkeiten hatten beide großen Respekt voreinander. Nachdem man Allenby nach dem Krieg in den Adelsstand erhoben hatte, diente er von 1919 bis zu seiner Pensionierung 1925 als Hochkommissar in Ägypten.

AUDA ABU TAYI (UM 1870–1924)
Auda abu Tayi, Scheich der Abu-Tayi-Beduinen, eines Zweiges der Howeitat, war einer der gefürchtetsten Krieger in der Region um Maan. Seine Unterstützung gilt als wesentlicher Faktor für den Erfolg des arabischen Aufstands. Mehrmals versuchten die Türken, ihn durch finanzielle Zuwendungen auf ihre Seite zu ziehen, doch er weigerte sich, wortbrüchig zu werden. Es heißt, er habe mehr als 28 Mal geheiratet und wurde mehr als ein Dutzend Mal im Kampf verwundet. Der Legende nach soll er 75 Araber eigenhändig getötet haben, die von ihm getöteten Türken zählte er nicht. Er und seine Stammesangehörigen spielten bei der Eroberung von Akaba eine entscheidende Rolle. Nach dem Krieg kehrte Auda in seine Heimatstadt zurück, wo er sich von türkischen Gefangenen einen großen Palast aus Ziegelsteinen bauen ließ. Sein strapaziöser Lebensstil und die zahlreichen Kämpfe gingen nicht spurlos an ihm vorüber; er starb 1924 mit Mitte 50.

DAHOUM (SELIM AHMED) (1896–UM 1918)
Dahoum lernte Lawrence 1911 in Karkemisch bei Ausgrabungsarbeiten kennen. Lawrence machte ihn zu seinem persönlichen Assistenten und unterstützte ihn in seinen Bemühungen, lesen und schreiben zu lernen. Im Juli 1913 nahm er Dahoum zusammen mit Scheich Hamoudi, dem Aufseher der Grabungsstätte, auf einen Besuch nach Oxford mit, Anfang 1914 begleitete Dahoum Lawrence, Woolley und Newcombe auf der Expedition in den Sinai. Dahoum starb während des Krieges an Fieber, wovon Lawrence womöglich erst 1918 erfuhr. Man geht davon aus, dass Dahoum sich hinter dem Kürzel »S. A.« verbirgt, dem »Die sieben Säulen der Weisheit« gewidmet ist.

FAREEDEH EL AKLE (1892–1976)
Die Syrerin Fareedeh el Akle war Christin und arabische Nationalistin. Lawrence lernte sie 1909 kennen, als sie an der amerikanischen Missionsschule in Dschebail unterrichtete. Bei ihr lernte er 1911 Arabisch; bis 1927 blieben die beiden in Briefkontakt. 1962 leistete sie einen wesentlichen Beitrag zu einem Dokumentarfilm der BBC über Lawrence.

FEISAL IBN HUSSEIN (1886–1933)
Als Lawrence Feisal, den dritten Sohn Hussein ibn Alis, im Oktober 1916 zum ersten Mal traf, erkannte er, dass dieser am besten geeignet war, den arabischen Aufstand anzuführen. Feisal, der sich darauf verstand, Streitigkeiten zwischen den Stämmen zu schlichten, hielt die arabischen Truppen während des Krieges zusammen. Auf der Pariser Friedenskonferenz war er der Hauptunterhändler der Araber. Im März 1912 ernannte er sich zum König von Syrien und Palästina, wurde aber von den Franzosen vier Monate später vertrieben. Nach der Konferenz von Kairo 1921 wurde er von den Briten für den irakischen Thron nominiert; dort regierte er als König von 1921 bis zu seinem Tod 1933 im Alter von 48 Jahren. Der Sturz der von ihm gegründeten Regierung 1958 durch die Baath-Partei führte letztlich zur Diktatur Saddam Husseins.

DAVID GEORGE HOGARTH (1862–1927)
D. G. Hogarth war ein herausragender Gelehrter, Archäologe und Forschungsreisender, der 1908 Leiter des Ashmolean Museums in Oxford wurde. Dort lernte er den Studenten Lawrence kennen und schlug ihn später für ein Stipendium am Magdalen College vor. Außerdem lud er ihn ein, an den Ausgrabungen in Karkemisch teilzunehmen, und ermutigte ihn, Arabisch zu lernen. Zu Beginn des Krieges arbeitete Hogarth zusammen mit Lawrence für das »Arab Bureau« in Kairo, später auch auf der Pariser Friedenskonferenz. Von allen Menschen respektierte Lawrence ihn vielleicht am meisten und empfand seinen Tod als einen schweren persönlichen Verlust.

HUSSEIN IBN ALI, GROSSKALIF HUSSEIN (1853–1931)
Hussein wurde 1908 Emir (oder Großkalif) von Mekka. Während er seine Position der Türkei gegenüber aufrechterhielt, verhandelte er von 1915 bis 1916 über die Bedingungen des arabischen Aufstands gegen das türkische Reich mit dem britischen Bevollmächtigten Sir Henry McMahon. Zu Beginn des Aufstands ernannte er sich selbst zum »König der arabischen Länder«, während Großbritannien ihn lediglich als »König des Hedschas« anerkannte. Nach dem Krieg kamen die Abmachungen mit Großbritannien seinen Söhnen Feisal und Abdullah zugute und trieben Hussein in die Isolation; 1925 dankte er zugunsten seines ältesten Sohns Ali ab. Innerhalb weniger Monate wurde Ali von dem Wahabi-Führer Ibn Sa'ud abgesetzt, der das moderne Königreich Saudi-Arabien gründete. Hussein musste ins Exil nach Zypern gehen, doch es gelang ihm, seinem Wunsch gemäß, seine letzten Tage auf islamischem Boden zu verleben. 1931 starb er in Amman; er wurde im Felsendom in Jerusalem beigesetzt.

ERIC HENRI KENNINGTON (1888–1960)
Eric Kennington arbeitete vor dem Ersten Weltkrieg als Künstler in London. Er kämpfte in Frankreich und Flandern und wurde später offizieller Kriegskünstler. Lawrence bewunderte seine Arbeit und beauf-

tragte ihn mit der künstlerischen Gestaltung der »Sieben Säulen der Weisheit«. 1921 reiste Kennington in den Nahen Osten und zeichnete eine Reihe beeindruckender Pastellporträts arabischer Führer. Später wandte sich Kennington der Bildhauerei zu; er schuf die Skulptur von Lawrence, die sich heute in der Kirche St. Martin's in Wareham, Dorset, befindet.

ARNOLD WALTER LAWRENCE (1900–1991)
A. W. Lawrence (»Arnie«), der jüngste Sohn der Lawrence-Familie, besuchte die City of Oxford School und das New College in Oxford. Danach war er als Archäologe in Rom und Athen tätig und arbeite mit Leonard Woolley in Ur. Er bekleidete diverse akademische Ämter in Cambridge und wurde später Professor für Archäologie am University College von Ghana sowie Direktor des Ghana Nationalmuseums. Nach dem Tod seines Bruders 1935 wurde A. W. Lawrence dessen literarischer Nachlassverwalter; er verteidigte ihn gegen alle, die ihn in schriftlicher Form angriffen oder seiner Meinung nach falsch darstellten. Er war ein Mann von großer intellektueller Strenge, der den Menschen Beistand und Rat gewährte, die ein ernsthaftes akademisches Anliegen hatten.

MONTAGU ROBERT LAWRENCE (1885–1971)
»Bob«, der älteste der Lawrence-Brüder, wurde in Dublin geboren und erhielt seine Ausbildung an der City of Oxford High School sowie am St. John's College in Oxford. Er wurde Arzt und diente während des Krieges im Royal Army Medical Corps. 1921 schloss er sich der »China Inland Mission« an. Er und seine Mutter befanden sich gerade auf dem Heimweg von China, als T. E. mit seinem Motorrad verunglückte. Er ist Herausgeber der 1954 erschienenen Publikation »The Home Letters of T. E. Lawrence«.

STEWART FRANCIS NEWCOMBE (1878–1956)
Stewart Newcombe war Hauptmann bei den Royal Engineers, als er im November 1913 den Auftrag erhielt, eine militärische Erkundungsmission auf der Sinai-Halbinsel durchzuführen. Dabei standen ihm Lawrence und Woolley zur Seite. Im Januar wurde er zum Leiter der britischen Militärmission im Hedschas ernannt; während der ersten Phase des arabischen Aufstands war er Lawrence' vorgesetzter Offizier. Mit seiner Gefangennahme durch die Türken im November bei Bersaba endete seine Beteiligung am Feldzug. 1920 gab er seinem Sohn zu Ehren seines Gefährten und Freundes aus Kriegstagen den Namen Stewart Lawrence Newcombe. Bei Lawrence' Beisetzung war er einer der Sargträger.

CHARLOTTE SHAW (1857–1943)
Charlotte Frances Payne-Townshed kam in Dublin als Tochter einer reichen irischen Familie zur Welt. 1898 heiratete sie den irischen Nachwuchsdramatiker George Bernard Shaw (1856–1950), den sie über ihre Freunde Sidney und Beatrice Webb kennen gelernt hatte. Lawrence machte die Bekanntschaft der Shaws 1922 und wurde vor allem für Charlotte eine Art Sohnersatz. In ihrer Korrespondenz, die bis zu Lawrence' Tod anhielt, kamen eine Fülle literarischer und kultureller Themen zur Sprache, aber auch verschiedene Aspekte seines Privatlebens, über das er sich sonst selten äußerte.

SYDNEY WILLIAM SMITH (1888–1971)
Sydney Smith war dem Royal Flying Corps zugeteilt (das später mit dem Royal Naval Air Service zur Royal Air Force verschmolzen wurde) und diente bis 1916 in Frankreich. Er traf Lawrence 1921 auf der Konferenz von Kairo und 1926 bei der Royal Air Force Cranwell. 1929, nach Lawrence' Rückkehr aus Indien, wurde er dessen Kommandeur bei der Royal Air Force Cattewater, Plymouth. Lawrence war mit Smith und seiner Frau gut befreundet; ihre Erinnerungen über die gemeinsame Zeit wurden 1940 unter dem Titel »The Golden Reign« veröffentlicht. 1931 wurde Smith zur Royal Air Force Manston versetzt und diente anschließend im Fernen Osten. Für seine Verdienste wurde er zum »Officer of the Order of the British Empire« ernannt. Seine Laufbahn beendete er als Brigadegeneral der Luftwaffe.

SIR RONALD STORRS (1881–1955)
Ronald Storrs studierte in Cambridge Klassische Philologie und Arabisch und wurde 1909 »Oriental Secretary« der Verwaltung in Kairo, wo er beträchtlichen Einfluss auf die britische Politik im Nahen Osten ausübte. 1915 traf er Lawrence zum ersten Mal in Kairo, wo beide Mitglieder des »Arab Bureau« waren. Im Oktober 1916 nahm er Lawrence nach Dschidda und Rabegh mit. Nach der Eroberung Jerusalems 1917 wurde Storrs dort erst Militär- und später Zivil-Gouverneur. Nach dem Krieg diente er als Gouverneur von Zypern und Nord-Rhodesien. Er war einer der Sargträger bei Lawrence' Beisetzung.

LOWELL JACKSON THOMAS (1892–1981)
Der Journalist und Publizist Lowell Thomas wurde gemeinsam mit dem Fotografen Harry Chase nach Europa geschickt, um durch eine Reportage die Unterstützung der amerikanischen Öffentlichkeit für eine Kriegsbeteiligung der USA zu verstärken. Nachdem sie an der Westfront wenig geeignetes Material gefunden hatten, reisten sie in den Nahen Osten. Dort trafen sie Lawrence erstmals im Frühjahr 1918 in Jerusalem und verbrachten einige Wochen mit ihm in Akaba. Das Material, das er und Chase dabei zusammentrugen, bildete die Grundlage von Thomas' illustrierten Reiseberichten, die Lawrence internationale Prominenz verschafften. Lawrence war sowohl abgestoßen als auch fasziniert von Thomas' romantisch verklärter Darstellung seiner Taten. 1924 veröffentlichte Thomas das Buch »With Lawrence in Arabia«. Später wurde er Kommentator für die amerikanischen Fernsehsender 20th Century Fox Movietone und NBC.

SIR (CHARLES) LEONARD WOOLLEY (1880–1960)
Leonard Woolleys Interesse an der Archäologie entwickelte sich während seines Studiums in Oxford; 1905 wurde er zum Assistenten des Leiters des Ahmolean Museums ernannt. Er leitete die zweite Etappe der Ausgrabungen in Karkemisch (1912-13). 1914 gingen Woolley, Lawrence und Newcombe auf militärische Erkundungsmission im Sinai, deren Ergebnisse unter dem Titel »The Wilderness of Zin« veröffentlicht wurden. Nach dem Ersten Weltkrieg wurde er für seine Ausgrabungen in Ur im Süden Iraks berühmt.

Chronologie

1888

16. August: Geburt in Tremadoc, North Wales, als zweiter von fünf unehelichen Söhnen von Thomas Robert Tighe Chapman und Sarah, Nachname ungewiss, ehemalige Gouvernante von Chapmans vier Töchtern, die dieser mit seiner Ehefrau Edith hatte; die Ehe wurde nie geschieden.

1896

Die Familie lässt sich in Oxford nieder.

1896–1907

Schüler der City of Oxford High School. *Sommer 1906* und *Sommer 1907:* Studium von Burgen in Frankreich.

1907–10

Oktober 1907–Juni 1910: Student am Jesus College, Oxford. *Sommer 1908:* Studium von Burgen in Frankreich. *Sommer 1910:* Studium von Kreuzfahrerburgen in Syrien. *Winter 1909–10:* Arbeit an seiner Magisterarbeit über Kreuzfahrerburgen. *Sommer 1910:* Abschluss mit Auszeichnung in Moderner Geschichte.

1910

Reisen in den Nahen Osten; verbringt den Winter in Jebail, Libanon, lernt Arabisch.

1911

Februar–März: reist nach Karkemisch. *April–Juli:* Ausgrabungen in Karkemisch unter D. G. Hogarth und R. Campbell Thompson. *Sommer:* Wanderung durch Nord-Mesopotamien.

1912

Januar: Grabungen in Ägypten unter Flinders Petrie.

1912–14

Frühjahr 1912–Frühjahr 1914: Ausgrabungen in Karkemisch unter C. L. Woolley. *Sommer 1913:* daheim in Oxford mit Hamoudi und Dahoum. *Januar–Februar 1914:* Sinai-Aufklärungsmission mit Woolley und Hauptmann Newcombe.

1914

Sommer: Fertigstellung des archäologischen Berichts »The Wilderness of Zin«, zusammen mit Woolley. *Oktober:* arbeitet für das Kriegsministerium (geografische Abteilung des militärischen Geheimdienstes). *26. Oktober:* wird Leutnant auf der speziellen Liste (d.h. ohne Zugehörigkeit zu einem bestimmten Regiment).

1914–16

Dezember 1914–Oktober 1916: in Ägypten als Geheimdienstoffizier. *März–Mai 1916:* Spezialeinsatz in Mesopotamien.

1916

5. Juni: Beginn des Aufstands der Araber. *16. Oktober:* trifft mit der britischen Militärmission in Arabien ein. *23. Oktober:* erstes Treffen mit Emir Feisal. *November:* schließt sich dem »Arab Bureau« an. *Dezember 1916–Oktober 1918:* schließt sich als Verbindungsoffizier den arabischen Truppen an.

1917

8. Januar: Feisals Armee verlässt Janbo in Richtung Wedsch, wo sie am 25. Januar eintrifft. *9. Mai:* Beginn der Akaba-Expedition unter Scherif Nasir. *Juni:* Reise in den Norden. *6. Juli:* Eroberung Akabas. *Juli:* Lawrence' erste Begegnung mit General Sir Edmund Allenby; Beförderung zum Major. *Oktober–November:* Gescheiterter Angriff im Jarmuk-Tal. *20. November:* Gefangennahme und Vergewaltigung in Deraa. *11. Dezember:* Lawrence ist bei Allenbys Einzug in Jerusalem zugegen.

1918

15. Januar: Schlacht von Tafileh. *März:* Beförderung zum Oberst-leutnant; gemeinsame Aktionen von Allenbys und arabischen Kräften verzögern sich wegen des dringenden Bedarfs an Truppen in Frankreich nach einer deutschen Großoffensive. *Frühjahr–Sommer:* Fortsetzung der Angriffe. *19. September:* Allenby beginnt Offensive gegen die türkischen Truppen in Palästina, während Feisals Araber in der Wüste als rechter Flügel fungieren. *1. Oktober:* Ankunft in Damaskus. *4. Oktober:* Rückkehr nach London über Kairo. *Oktober–November:* Lawrence beim »Eastern Committee« des Kriegskabinetts. *November–Dezember:* mit Feisal in Frankreich und Großbritannien.

1919

Januar–Oktober: Teilnahme an der Pariser Friedenskonferenz. *Mai–Juni:* Flugreise nach Ägypten.

1919–21

Am All Souls College, Oxford (*November 1918:* Wahl zum Fellow); in Paris und London, Arbeit an »Die sieben Säulen der Weisheit«. *August:* Premiere von Lowell Thomas' Nahost-Reiseberichten in London.

1921–22

Berater Winston Churchills im Kolonialministerium. *August–Dezember 1921:* Missionen in Aden, Dschidda und Transjordanien. *Juli 1922:* Austritt aus dem Kolonialministerium.

1922

August: tritt der Royal Air Force als John Hume Ross bei, Royal-Air-Force-Ausbildungslager Uxbridge. *November:* Royal-Air-Force-Fotografieschule, Farnborough. *27. Dezember:* wird von der Presse entdeckt.

1923

Januar: Entlassung nach Aufdeckung seiner wahren Identität.

1923–25

März 1923 bis August 1925: dient im Heer als Schütze T. E. Shaw, Royal Tank Corps. *Sommer 1923:* erwirbt Hütte in Clouds Hill, in der Nähe des Militärlagers Bovington, Dorset.

1925

18. August: Wiedereintritt in die Royal Air Force als Flieger T. E. Shaw; stationiert bei der Royal Air Force Cranwell, Lincolnshire.

1926

Fertigstellung der Subskriptionsausgabe von »Die sieben Säulen der Weisheit«.

1927–29

Januar 1927–Januar 1929: in Indien; Veröffentlichung von »Aufstand in der Wüste« (populäre Kurzfassung der »Sieben Säulen«), später zurückgezogen; vollendet »Unter dem Prägestock«; beginnt Arbeit an der Übersetzung der »Odyssee«; nimmt offiziell den Nachnamen Shaw an. *Dezember 1929:* Zurückbeorderung nach England nach Presseberichten, die ihn in einen Zusammenhang mit einem Aufstand in Afghanistan bringen.

1929–35

September 1929: in England Zusammenarbeit mit Sydney Smith an der »Schneider Trophy«, anschließend an Schnellbooten der Marine. Letzter Stützpunkt: Bridlington, Yorkshire.

1935

26. Februar: Lawrence verlässt die Royal Air Force, um sich nach Clouds Hill zurückzuziehen. *13. Mai:* Motorradunfall in der Nähe von Clouds Hill. *19. Mai:* stirbt im Militärkrankenhaus Bovington. *21. Mai:* Beisetzung in Moreton, Dorset.

Literaturhinweise

T. E. Lawrence, »Seven Pillars of Wisdom: A Triumph«, Harmondsworth: Penguin Books; New York: Doubleday

T. E. Lawrence, »Seven Pillars of Wisdom: A Triumph«, Fassung von 1922 (Oxford), Fordinbridge, Hants: Castle Hill Press, 1997

T. E. Lawrence, »Die sieben Säulen der Weisheit«, 14. Auflage, München: Deutscher Taschenbuch Verlag, 2003

T. E. Lawrence, »Unter dem Prägestock«, München: List, 1990

T. E. Lawrence, »Oriental Assembly«, London: Williams & Norgate, 1939; New York: Dutton, 1940; London: Imperial War Museum, 1991, 2005

David Garnett (Hrsg.), »Selbstbildnis in Briefen«, München: List, 1948

Malcolm Brown (Hrsg.), »The Letters of T. E. Lawrence«, London: Dent, 1988; Oxford: Oxford University Press, 1991

Richard Aldington, »Lawrence of Arabia: A Biographical Inquiry«, 2. Auflage mit einem Vorwort von Christopher Sykes, London: Collins, 1969

Philip Knightley & Colin Simpson, »The Secret Lives of Lawrence of Arabia«, London: Nelson, 1969; New York: McGraw Hill, 1970

John E. Mack, »A Prince of our Disorder: The Life of T. E. Lawrence«, London: Weidenfeld & Nicholson; Boston: Little Brown & Co., 1976; Oxford: Oxford University Press, 1991; Cambridge, Mass.: Harvard University Press, 1998

H. Montgomery Hyde, »Solitary in the Ranks: T. E. Lawrence as Airman and Private Soldier«, London: Constable, 1977; New York: Atheneum, 1978

Jeremy Wilson, »Lawrence von Arabien: Die Biographie«, Berlin: Ullstein, 2004

Stephen E. Tabachnick (Hrsg.), »The T. E. Lawrence Puzzle«, Athens, GA: University of Georgia Press, 1984

Stephen E. Tabachnick & Christopher Matheson, »Images of Lawrence«, London: Jonathan Cape, 1988

Ergebnisse der Lawrence-Forschung:
»The Journal of the T. E. Lawrence Society«, 1991ff. (PO Box 728, Oxford OX2 6YP, www.telsociety.org)

Danksagung

Bei einem Buch dieser Art – und ich meine, sagen zu dürfen, von solch offenkundiger Qualität – ist der Autor Teil eines Teams von vielen Mitarbeitern. Dieses Buch wäre nicht ohne den entscheidenden und phantasievollen Beitrag des herausragenden Gestalters Nigel Soper sowie die Mitarbeiter von Thames & Hudson, die maßgeblich zu seiner Entstehung beigetragen haben, zustande gekommen. Zugleich danke ich dem Imperial War Museum, dessen Einsichten und Ideen diese Publikation sowohl in inhaltlicher als auch in gestalterischer Hinsicht sehr bereichert haben, für die freundliche Unterstützung.

Dem »Seven Pillars of Wisdom Trust« danke ich für die Genehmigung zum Abdruck der Zitate. Für das Recht, Auszüge aus Lawrence' Kriegsberichten zu veröffentlichen, geht unser Dank an die National Archives in Kew. Außerdem danke ich als Autor den Nachlassverwaltern des Kriegskünstlers James McBey für die Erlaubnis, aus einem Brief an Lowell Thomas von 1962 zu zitieren.

Mehrere gute Freunde haben mir beim Zustandekommen dieses Buchs geholfen: Jack Flabvell, Peter Metcalfe, Jeremy Wilson, Kathi Frances McGraw, Shea Johnson und Gigi Horsfield gilt mein herzlicher Dank. Außerordentlich dankbar bin ich außerdem, wie immer, meiner Frau Betty für ihre gewissenhafte Überprüfung meines Textes (in seinen zahlreichen Fassungen, die sich laufend geändert haben) und ihre unschätzbare Hilfe beim Lesen und Korrigieren der Fahnen.

Abbildungsverzeichnis

Die Maße der Werke sind in Zentimetern angegeben, Höhe vor Breite;
Abkürzungen: IWM = Imperial War Museum, o = oben, b = unten, m = mittig, l = links, r = rechts

Seite

1 Augustus John, »T. E. Lawrence«, 1919, Bleistift, 35,6 x 25,4; National Portrait Gallery, London 3187
2–3 James McBey, »Das Kamelkorps: Nachtmarsch nach Bersaba«, 1917, schwarze Kreide, Aquarell auf Papier; IWM ART 2926
6 T. E. Lawrence in arabischer Kleidung, 1919, Fotografie von Harry Chase; IWM Q73535
10 Sarah Lawrence mit vier ihrer Söhne in Langley Lodge, Fotografie wahrscheinlich von Lawrence' Vater, um 1895; Bodleian Library, Oxford
12o South Hill in Delvin, Fotografie
12u T. E. Lawrence' Geburtsort, Woodlands, Tremadoc, Wales, Fotografie; Gwynedd Archives
13 T. E. Lawrence als Dreijähriger, um 1891, Fotografie
14 Die vier ältesten Lawrence-Brüder 1893: Montagu Robert, William George, Thomas Edward, Frank Helier, Fotografie
15o & u Das Haus der Familie Lawrence in Oxford, Polstead Road 2, Fotografie; Malcolm Brown Collection
16 Die City of Oxford High School for Boys, Fotografie von Malcolm Brown
17o Schulregister mit Einträgen zu Lawrence und seinem älteren Bruder; Malcolm Brown Collection
17u Schulregister Oxford; Malcolm Brown Collection
18l Lawrence in der City High School, Fotografie; Oxford County Libraries
18u Reibebild von Lord Berkeley aus Wootton-under-Edge, Gloucestershire, von Lawrence; Ashmolean Museum, Oxford
19 Lawrence' Gartenhaus am Ende des Gartens in der Polstead Road, Oxford; Collection Malcolm Brown
20o Jesus College, Oxford, Fotografie von Malcolm Brown
20u Sahyun, Tuschskizze von Lawrence; mit freundlicher Genehmigung des Seven Pillars of Wisdom Trust
21l Château Gaillard, Fotografie und Skizze von Lawrence; British Library, London
21r Château Gaillard, Skizze von Lawrence; mit freundlicher Genehmigung des Seven Pillars of Wisdom Trust
22o Becher aus dem 15. Jh., ausgegraben in Oxford; Ashmolean Museum, Oxford
22u Baluster-Krug aus dem 14. Jh., ausgegraben in Oxford; Ashmolean Museum, Oxford
23l & r Aquarellabbildungen von Keramiken, ausgegraben in Karkemisch von Reginald Thompson mit Anmerkungen von Lawrence, 1911; British Museum, London
23u Lawrence' Zeichnungen des Yusuf-Beg-Steins, Notizbuch der Expedition aus Karkemisch, 1911; British Museum, London
24 Lawrence in Dahoums Kleidung, 1912, Fotografie von Dahoum; British Library, London

25 Dahoum, 1912, Fotografie von Lawrence; British Library, London
26 Schnitzerei von Lawrence auf dem Türsturz in Karkemisch, angefertigt 1912, im Eingang steht Hadsch Wahid; British Museum, London
27o Ende 1910 für Lawrence angefertigte archäologische Kamera; Museum of the History of Science, Oxford
27u Oberstleutnant Stewart Newcombe und Kamel, März 1917, Fotografie von Lawrence; IWM Q58908
28 Lawrence, Leonard Woolley und Arbeiter in Karkemisch, 1913, Fotografie; British Museum, London
29 Lawrence und Woolley, 1913, Fotografie von Heinrich Franke; IWM Q73536
30l Fareedeh el Akle, 1921, Fotografie; mit freundlicher Genehmigung der Familie Beaumont
30r Relief aus Ausgrabungsstücken, links Dahoum, Fotografie von Lawrence; Bodleian Library, Oxford
31 Petra, Fotografie von John Goodyer
32 David Bomberg, »Bab-Es Siq, Petra«, 1924, Öl auf Leinwand, 51,4 x 60,9; Birmingham Museums and Art Gallery, © Familie des Künstlers/Bridgeman Art Library
34 Lawrence in Akaba, 1917, Fotografie; IWM Q59314
36 Die Lawrence-Brüder, 1910, von links nach rechts: T. E., Frank, Arnold, Bob und Will, Fotografie; Privatsammlung
37 Lawrence im britischen Hauptquartier in Kairo, 1. Januar 1917, Fotografie; Hulton Archive/Getty Images
38 Großkalif Hussein, Emir von Mekka, 12. Dezember 1916, Fotografie vom Stabsarzt der HMS »Dufferin«; IWM Q59888
40 Eric Kennington, »Emir Abdullah«, 1921, Chromlithografie, 24,4 x 18,5; mit freundlicher Genehmigung des Seven Pillars of Wisdom Trust, © Familie des Künstlers
41 Augustus John, »Emir Feisal«, 1919, Öl auf Leinwand, 72 x 53; Ashmolean Museum, Oxford, © Estate of Augustus John/Bridgeman Art Library
42 Lawrence in arabischer Kleidung, 1917, Fotografie; IWM Q58817
43 James McBey, »Leibwächter von Emir Scherif Feisal«, 1918, Bleistift und Aquarell, 48,2 x 36,2; IWM 1567
44l Kai von Janbo, 1916, Fotografie von Lawrence; IWM Q58728
44r Das Haus, in dem Lawrence 1916 in Janbo wohnte, 1916-17, Fotografie von Lawrence; IWM Q58821
46 Auda abu Tayi, 1921, Fotografie von Lawrence; Bodleian Library, Oxford
47 Eric Kennington, »Auda abu Tayi«, 1921, Chromlithografie, 25 x 18,5; mit freundlicher Genehmigung des Seven Pillars of Wisdom Trust, © Familie des Künstlers
48 Auda ibn Zaal, Mohammad abu Tayi, ein unbekannter Angehöriger der Howeitat, Auda abu Tayi, Zaal ibn Motlog, 1921, Fotografie von Lawrence; IWM Q60169
49 Oberst Pierce, Joyce, Feisal und Dschaafar Pascha im Wadi Kuntilla, August 1917, Fotografie; IWM Q59011

51 Explodierende Tulpenbombe auf der Bahnlinie nahe Deraa, Fotografie; IWM Q60020
52 Eric Kennington, »Lawrence«, Pastell; mit freundlicher Genehmigung des Seven Pillars of Wisdom Trust, © Familie des Künstlers
54 Eric Kennington, »T. E. Lawrence«, 1921, Pastell, 44,7 x 32,8; © Familie des Künstlers
56–57 Feisals Armee beim Einmarsch in Janbo, Dezember 1916, Fotografie von Lawrence; IWM Q58754
59 Lowell Thomas' Dia von Dschidda vom Meer aus gesehen, Fotografie von Harry Chase; © Lowell Thomas 2005
60 Dschidda, 1921, Fotografie von Lawrence; mit freundlicher Genehmigung des Seven Pillars of Wisdom Trust
61 Dschidda, 1921, Fotografie von Lawrence; mit freundlicher Genehmigung des Seven Pillars of Wisdom Trust
63 Emir Feisal in Wedsch, März 1917, Fotografie von Macrury; IWM Q58877
64–65 Lager im Nakhi Mubarak, Dezember 1916, Fotografie; IWM Q58838
66–67 Feisals Armee während der ersten Etappe des Marsches nach Wedsch, 3. Januar 1917, Fotografie von Lawrence; IWM Q58863
68–69 Die Ankunft von Feisals Armee in Wedsch, 25. Januar 1917, Fotografie von Lawrence; IWM Q58841
70 Kleines Bild Lawrence in Wedsch, 1917, Fotografie; IWM Q60912
70–71 Arabisches Lager in Wedsch, 1917, Fotografie; IWM Q58811
72 Eric Kennington, »Scherif Ali ibn el Hussein«, 1921, Pastell, 76,2 x 50,8; © Reading Museum Service (Reading Borough Council), alle Rechte vorbehalten
73 Scherif Scharref und Truppen auf dem Vormarsch, Bir el Amri, März 1917, Fotografie; IWM Q58939
74 Lawrence' »Einkaufsliste« für den Nachschub während des Wüstenfeldzugs, Juli 1917; British Library, London
75l Lawrence in Rabegh, nördlich von Dschidda, März 1917, Fotografie; IWM Q60214
75r Lawrence in Akaba, 1917, Fotografie; IWM Q60212
76 Hauptnachschublager in Akaba, 1917, Fotografie von Hauptmann Goslett; IWM Q59548
77 Der triumphale Einzug in Akaba, 6. Juli 1917, Fotografie von Lawrence; IWM Q59193
78o James McBey, »General Sir Edmund Allenby, KCB«, 1918, Öl auf Leinwand, 83,8 x 65,4; IWM ART 1553
78u Ankunft von Emir Zeids Armee in Akaba, August 1917, Fotografie von Hauptmann Goslett; IWM Q59308
79 HMS »Humber« in Akaba, Fotografie; IWM Q59064
80 & 81 Brief von Lawrence vom 11. August 1920 an Leonard Gotch mit Skizze der Eroberung Akabas; Sammlung Paul Gotch, Anthea Barker und Christopher Gotch
82–83 Nicht identifizierte Wüstenlandschaft, Fotografie von Lawrence; IWM Q58933

84–85 Wadi Rumm, Fotografie von Lawrence; IWM Q59363
86 Dschebel el Sukhur, Fotografie von Lawrence; IWM Q58957
87 Wadi Rumm, Fotografie von Malcolm Brown
88–89 William Roberts, »Kamelmarsch«, 1923, Tuschzeichnung und Aquarell, 33 x 57; mit freundlicher Genehmigung des Seven Pillars of Wisdom Trust, © Estate of John David Roberts, Abbildung mit Genehmigung der William Roberts Society
90–91 Zug auf der Hedschas-Bahn, Fotografie; IWM Q59650
92 Hedschas-Bahn bei Abu Taka, Fotografie; IWM Q59684
93 Im arabischen Feldzug zerstörter Zug bei Hadiya, 1968, Fotografie von Hugh Leach
94–95 Ruinen bei Maan, Fotografie wahrscheinlich von Lawrence; IWM Q60028
95 Türkische Soldaten reparieren die Eisenbahngleise bei Maan, Fotografie wahrscheinlich von Lawrence; IWM Q60116
96–97 Hauptmann Wood, Thorne und Oberst Lawrence, 1917, Fotografie; IWM Q60099
97l & r Lawrence' Gewehr, ein Geschenk Feisals, Fotografie; IWM FIR 8255
98 Burg in Asrak, Fotografie von Lawrence; IWM Q60022
99 Der Raum, in dem Lawrence in Asrak schlief, November 1917, Fotografie von Lawrence; IWM 60123
100 Lawrence vor einem zerstörten Zug, Fotografie; Humanities Research Center Library, University of Texas at Austin
101 Jarmuk, Brücke über das Tal, Fotografie; IWM Q59641
102 Jerusalem, Dezember 1917, General Burton, hinter ihm seine beiden Adjutanten und Oberst de Piepape, General Allenby und Oberstleutnant D'Agostino, Fotografie; IWM Q12616
103 General Allenbys Einzug in Jerusalem, Dezember 1917, Fotografie; IWM Q1304
104–105 Henry Lamb, »Irische Truppe in den Bergen von Judäa überrascht von einem türkischen Bombardement«, 1919, Öl auf Leinwand, 182,9 x 218,4; IWM ART 2746
106–107 Emir Zeid mit bei Tafileh erbeuteten österreichischen Geschützen, Januar 1918, Fotografie; IWM Q59368
108–109 Lawrence mit seinem Leibwächter, Akaba, Sommer 1918, Fotografie von Hauptmann Goslett; IWM Q59576
110 Eric Kennington, »Mahmas ibn Dakhil«, 1921, Chromlithografie; mit freundlicher Genehmigung des Seven Pillars of Wisdom Trust, © Familie des Künstlers
111 Eric Kennington, »Muttar il Hamoud Mini Bini Hassan«, 1920, Pastell, 76,8 x 55,9; © Tate, London 2005.
112 Gepanzerter Rolls Royce, Fotografie; IWM Q59376
113 Ein Talbot im Wadi Itm: Auda, Lowell Thomas, Hedschiris, Mirzuk, Feisal, Ende März 1918, Fotografie von Harry Chase; IWM Q60048.
114o Doppeldecker des Royal Flying Corps; IWM Q59035

114u Ein Araber begutachtet das Maschinengewehr eines Bristol-Doppeldeckers F.2B; IWM Q58702

115 Die Überreste des Flugzeugs BE12 von Leutnant Junor, Fotografie von Lawrence; IWM Q60019

116 Sydney W. Carline, »See Genezareth: Flugzeuge greifen türkische Boote an«, 1919, Öl auf Leinwand, 76,2 x 91,4; IWM ART 3080

117 Sydney W. Carline, »Die Zerstörung türkischer Transportmittel in der Schlucht von Wadi Fara«, 1920, Öl auf Leinwand, 121,9 x 121,9; IWM ART 3138

118 Mudewwere aus der Luft, 24. Juli 1918, Royal-Air-Force-Fotografie; mit freundlicher Genehmigung des Seven Pillars of Wisdom Trust

119 Richard C. Carline, »Damaskus und die Berge des Libanon aus 3000 Meter Höhe«, 1920, Öl auf Leinwand, 143,5 x 105,4; IWM ART 3082

120–121 Richard C. Carline, »Damaskus«, 1919, Aquarell, 27,3 x 38,1; IWM ART 2669

122–123 Die Endstation der Hedschas-Bahn, die die Türken am 30. September 1918 in Brand steckten, Oktober 1918; IWM Q12371

124 Lawrence' Ankunft in Damaskus, 1. Oktober 1918, Fotografie; mit freundlicher Genehmigung von Rolls Royce Motors

125 General Allenbys Ankunft in Damaskus, 3. Oktober 1918, Fotografie; IWM Q12390

126–127 Scherifentruppen bei der Ankunft in Damaskus, 1. Oktober 1918, Fotografie; IWM Q12369

128–129 Hauptplatz von Damaskus nach der Eroberung der Stadt, 2. Oktober 1918, Fotografie; IWM Q12370

130–131 Scherifentruppen ziehen an türkischen Gefangenen vorbei, Damaskus, Oktober 1918, Fotografie; IWM Q12367

132 Das Hauptquartier von Emir Feisal, Damaskus, Fotografie; IWM Q12377

133 Emir Feisal verlässt das Hotel Victoria, Damaskus, nach dem Treffen mit Allenby, 3. Oktober 1918, Fotografie; IWM Q12364

134 Arabische Truppen marschieren in Damaskus ein, Oktober 1918, Fotografie von Lawrence; mit freundlicher Genehmigung des Seven Pillars of Wisdom Trust

135o Bronzekranz von Saladins Grab, Damaskus, 1898; IWM EPH 4338

135u Zertifikat für den Kranz; IWM

136 Lawrence in Damaskus, Oktober 1918, Fotografie von J. Finley; IWM Q73534

137 James McBey, »Oberstleutnant T. E. Lawrence CB DSO«, 1918, Öl auf Leinwand, 53,3 x 38,1; IWM ART 2473

138 T. E. Lawrence (Detail), 1931, Fotografie Howard Coster; National Portrait Gallery, London

140–141 Emir Feisal und Lawrence an Bord der HMS »Orion«, 1918, Fotografie

142–143 Lawrence mit Feisal und anderen auf der Pariser Friedenskonferenz, 22. Januar 1922, Fotografie; IWM Q55581

144 Plakat für die ersten »Lowell Thomas Travelogues«, New York, 1919; © Lowell Thomas 2005

146 T. E. Lawrence und Lowell Thomas, kolorierte

Fotografie; © Lowell Thomas 2005

147o Lowell Thomas, 1917, Fotografie Harry Chase; © Lowell Thomas 2005

147u Seite aus einem von Lowell Thomas' Drehbüchern; © Lowell Thomas 2005

148l Lowell Thomas' Dia eines Kamelzugs in der Wüste, Fotografie von Harry Chase; © Lowell Thomas 2005

148r Lowell Thomas' Dia eines Sandsturms, Fotografie von Harry Chase; © Lowell Thomas 2005

148u Lowell Thomas' Dia eines Sonnenuntergangs in der Wüste, Fotografie von Harry Chase; © Lowell Thomas 2005

149 Lowell Thomas' Dia von Lawrence, Fotografie von Harry Chase; © Lowell Thomas 2005

150 Eine typische Lowell-Thomas-Zeitungsannonce; © Lowell Thomas 2005

151 Kolorierte Fotografie von T. E. Lawrence, Fotografie von Harry Chase; © Lowell Thomas 2005

152 Delegierte der Kairoer Konferenz, unter ihnen Winston Churchill, Gertrude Bell und Lawrence, bei einem Besuch der Pyramiden, Fotografie von G. M. Georgoulas, 20. März 1921; Department of Archaeology, Newcastle upon Tyne

153 Kairoer Konferenz, 1921, Gertrude Bell (zweite von links, zweite Reihe), Lawrence (vierter von rechts, selbe Reihe) und Churchill (Mitte, erste Reihe), Fotografie; Hulton Archive/Getty Images

154l Korrigierte maschinengeschriebene Fassung des Anfangs von »Unter dem Prägestock«; British Library, mit freundlicher Genehmigung des Seven Pillars of Wisdom Trust

154r Der Anfang von »Unter dem Prägestock« in der Druckfassung der ersten öffentlichen Ausgabe 1955; British Library, mit freundlicher Genehmigung des Seven Pillars of Wisdom Trust

154u T. E. Lawrence' Schreibmaschine

155 William Roberts, »T. E. Lawrence«, 1922–23; Ashmolean Museum, © Estate of John David Roberts, Abbildung mit Genehmigung der William Roberts Society

156 Militärlager Bovington, Fotografie von Malcolm Brown

157 Lawrence in einer geborgten Uniform, um 1924, Fotografie; Bodleian Library, Oxford

158 »Aufstand in der Wüste«, New York, 1927, erste amerikanische Ausgabe; P. C. und B. A. Metcalfe

159 Lawrence im Militärlager Bovington, Fotografie von Arthur Russell, um 1924; Oberstleutnant der Luftwaffe R. G. Sims

160o Postkarte von Lawrence' Hütte in Clouds Hill

160u Detail des Eingangs in Clouds Hill mit griechischer Inschrift, Fotografie von Malcolm Brown

161l Initialen, die in »Die sieben Säulen der Weisheit« benutzt wurden, 1926. Initialen A–W und Y von Edward Wadsworth und X und Z von Blair Hughes-Stanton, um 1919; mit freundlicher Genehmigung des Seven Pillars of Wisdom Trust, © Estate of Edward Wadsworth 2005, alle Rechte vorbehalten, DACS, © Penelope Hughes-Stanton

161r Seite aus der Subskriptionsausgabe von »Die sieben Säulen der Weisheit« mit einer Zeichnung von William Roberts; British Library, mit freund-

licher Genehmigung des Seven Pillars of Wisdom Trust, © Estate of John David Roberts, Abbildung mit Genehmigung der William Roberts Society

163 Blair Hughes-Stanton, »The Poem to S. A.«, 1926, Holzschnitt; © Penelope Hughes-Stanton

164–165 Lawrence auf einem seiner Brough-Superior-Motorräder, Cranwell, 1925–26, Fotografie; Bodleian Library, Oxford

166 Lawrence beim Lesen in Miranschah, um 1928, Fotografie; National Portrait Gallery, London

167l Brief an Peake aus Indien vom 20. Oktober 1927; Oberstleutnant F. G. Peake 78/73/7/IWM

167r Lawrence in Indien, Fotografie; Bodleian Library, Oxford

168l Lawrence in Miranschah, 10. Dezember 1928, Fotografie; National Portrait Gallery, London

168r Lawrence auf dem Nachhauseweg von Indien, Januar 1929, Fotografie; Bodleian Library, Oxford

169 Lawrence geht in Plymouth von Bord, 2. Februar 1929; Roger-Viollet, Paris

170o Lawrence auf einem Schnellboot, Fotografie

170u Lawrence mit Oberstleutnant Sydney Smith in Thurlestone

171 Lawrence als Royal-Air-Force-Mechaniker, Fotografie; Malcolm Brown Collection

172 Das Musikzimmer in Clouds Hill mit Lawrence' Grammophon und seiner Schreibmaschine, Fotografie; National Trust Photographic Library/Dennis Gilbert

173o Hauptraum in Clouds Hill, Fotografie; mit freundlicher Genehmigung von Hilda Sims

173u Grammophon; National Trust Photographic Library

174 Lawrence auf seiner Brough Superior UL 656 im Gespräch mit George Brough, Oktober 1930, Fotografie; Bodleian Library, Oxford

175o Lawrence, Fotografie; Bodleian Library, Oxford

175u Lawrence und Charlotte Shaw, Fotografie; Bodleian Library, Oxford

176 Lawrence an seinem letzten Tag in der Royal Air Force, Bridlington

176–177 Clouds Hill, Mai 1935, Fotografie; Evening Standard/Hulton Archive/Getty Images

178 Lawrence, Anfang 1935, Fotografie; mit freundlicher Genehmigung von Hilda Sims

179l Bericht über Lawrence' Unfall in der »Times«: »T. E. Shaw schwer verletzt«

179o Sarah Lawrence, die Mutter von T. E. Lawrence, und ihr ältester Sohn, Dr. Bob Lawrence; Foto Humanities Research Center Library, University of Texas at Austin

179u Bericht über Lawrence' Zustand in der »Times«: »Oberst Lawrence' Kampf ums Überleben«

180 Die Nachricht von Lawrence' Tod in der »Western Morning News and Daily Gazette«, 20. Mai 1935: »Das Hinscheiden des ›Lawrence von Arabien‹«

181 Die Nachricht von Lawrence' Tod in »The Oxford Mail«, 19. Mai 1935: »Lawrence von Arabien stirbt in Bovington«

182–183 Sargträger und Sarg bei Lawrence' Beisetzung in Moreton, Dorset, Fotografie; British

Movietone Film Library

184–185 Winston Churchill bei Lawrence' Beisetzung in Moreton, Dorset, Fotografie; British Movietone Film Library

185 Lawrence' Grabstein auf dem Friedhof von Moreton, Dorset, Fotografie von Malcolm Brown

186 Augustus John, »Oberst T. E. Lawrence« (Detail), 1919, Öl auf Leinwand, 80 x 59,7; © Tate, London 2005, mit freundlicher Genehmigung des Estate of Augustus John/Bridgeman Art Library

188o »With Lawrence in Arabia« von Lowell Thomas, New York, 1924; P. C. und B. A. Metcalfe

188u »Die sieben Säulen der Weisheit«, 1936, in »Cosway«-Bindung mit Lawrence' Miniaturporträt von Miss Curie

189 Augustus John, »T. E. Lawrence«, 1919, Öl auf Leinwand, 45,8 x 28,2; Yale Center for British Art, Schenkung von William P. Clyde Jr., © Estate of Augustus John/Bridgeman Art Library

190–191 Eric Kennington bei der Arbeit an der Skulptur von T. E. Lawrence, die sich jetzt in der St. Martin's Church, Wareham, befindet; Fotografie mit freundlicher Genehmigung von Hilda Sims, © Familie des Künstlers

192o Kopftuch und »agal«; The Warden and Fellows at All Souls College, Oxford

192m Golddolch, hergestellt für Lawrence in Mekka, 1917; The Warden and Fellows at All Souls College, Oxford

192r Arabisches Gewand, gestreifte cremefarbene und braune Seide; Museum of Costume, Bath

192u Kopie von T. E. Lawrence' »hethitischer« Sonnenscheibe von Paul White, vergoldetes Hartholz, 66 x 20,5 x 3,5; Privatsammlung

193 Augustus John, »T. E. Lawrence« (Detail), 1919, Bleistift, 63 x 53; British Library, © Estate of Augustus John/Bridgeman Art Library

195 Augustus John, »T. E. Lawrence als Flieger Shaw«, Kohle, 50,5 x 35,5; Ashmolean Museum, Oxford, © Estate of Augustus John/Bridgeman Art Library

196 William Roberts, »Aufstand in der Wüste«, 1952. Öl auf Leinwand, 244,7 x 144,8; Southampton City Art Gallery, © Estate of John David Roberts, Abbildung mit Genehmigung der William Roberts Society

197 Herbert Gurschner, »T. E. Lawrence«, 1934, Öl auf Leinwand, 97 x 76; The National Gallery of Ireland, Dublin, © Kunsthandel Widder, Wien

198o Standfoto aus dem Film »Lawrence von Arabien« mit Peter O'Toole als Lawrence und Alec Guiness als Prinz Feisal, 1962; Columbia, Foto Kobal

198u Standfoto aus dem Film »Lawrence von Arabien« mit Peter O'Toole als Lawrence neben dem zerstörten Zug, 1962; National Film Archive, London

199 »Lawrence von Arabien«, Filmplakat; British Film Institute, London

201 Eric Kennington, Büste von T. E. Lawrence; Leihgabe der T. E. Lawrence Society, © Familie des Künstlers

Personen-, Orts- und Sachregister

[Die kursiv gesetzten Zahlen verweisen auf Abbildungen und Bildunterschriften sowie frei gestellte Zitate.]